Collection **COLLÈGE** dirigée par
Cécile de Cazanove
Agrégée de Lettres modernes

Edmond Rostand

Cyrano de Bergerac

comédie héroïque

1897

texte intégral

Édition présentée par
Jean-Pierre Aubrit
Agrégé de Lettres classiques

CARRÉS
CLASSIQUES
Nathan

sommaire

ISBN 978-2-09-188431-4
© Nathan 2008.
© Nathan 2011
pour la présente édition.

Dossier central images en couleur

avant la lecture

Qui êtes-vous, Edmond Rostand ?

La France au temps de Rostand

Qui sont les personnages ?

Qui êtes-vous, Edmond Rostand ?

Ma vocation littéraire

Je suis né à Marseille, **le 1er avril 1868**, dans une famille bourgeoise où l'on pratique en amateur la musique et la poésie. Mais, à 16 ans, je dois quitter la douceur du foyer et partir à Paris. Au collège Stanislas, où je suis interne, mon professeur René Doumic me fait partager sa passion pour le XVIIe siècle : je le retrouverai plus tard à l'Académie française ! En attendant, le bac en poche, j'entame de vagues études de droit, mais je m'intéresse davantage à la littérature... En 1890, je publie un recueil de poèmes, *Les Musardises*, au succès très confidentiel : trente exemplaires vendus...

« Je rencontre Sarah Bernhardt ! »

Mon amour du théâtre

Le théâtre m'attire par-dessus tout. Les débuts sont pourtant difficiles, mais je ne me décourage pas, soutenu par mon épouse la poétesse Rosemonde Gérard.

En 1894, *Les Romanesques*, une fantaisie pleine d'humour, me valent enfin mon premier succès. Je m'enhardis alors à contacter la plus grande actrice de mon époque, une vraie star internationale : Sarah Bernhardt. Je deviens aussitôt son « Poète chéri », et elle accepte de monter en 1895, dans son théâtre de la Renaissance, une pièce « médiévale », *La Princesse lointaine*. Le succès n'est pas au rendez-vous, mais Sarah me garde sa confiance, et fait triompher, en 1897, un drame « évangélique », *La Samaritaine*.

Le temps des triomphes...

1897 est décidément une année faste, puisque le 28 décembre est créé ***Cyrano de Bergerac***, que j'ai écrit pour le grand acteur **Constant Coquelin**. C'est Sarah qui me l'a présenté, et c'est lui qui m'a aidé à monter le spectacle. Son soutien m'est précieux car l'ampleur de l'entreprise m'angoisse : **une pièce de plus de 2 500 vers, des dizaines de personnages, des figurants en foule**, et « mes exigences imbéciles », selon le directeur de la salle !... Mais c'est un triomphe comme il y en a peu dans l'histoire du théâtre. Ma célébrité est désormais immense, et, en 1900, ma chère Sarah crée *L'Aiglon*, où elle en incarne le mélancolique fils de Napoléon. Ce nouveau succès me vaut d'être élu à l'Académie française dès l'année suivante, à l'âge de 33 ans.

... et des désillusions

Mais une grave dépression nerveuse m'oblige à fuir Paris pour goûter le calme de ma maison de Cambo, au Pays basque. Je doute également de mon talent et diffère sans cesse la création de ma nouvelle pièce, *Chantecler*, d'autant plus que Coquelin, à qui je destinais le rôle-titre, meurt brutalement en 1909. La pièce déçoit le public et me vaut quelques critiques peu flatteuses. Malgré les honneurs officiels, quelque chose s'est brisé : je ne fais d'ailleurs pas représenter mon ultime pièce, *La Dernière Nuit de Don Juan*. À la veille de la Première Guerre mondiale, seul l'amour de quelques femmes remarquables, comme la poétesse Anna de Noailles, me donne encore goût à la vie. ■

« Je suis élu à l'Académie française à l'âge de 33 ans. »

Peu de temps après l'armistice, Edmond Rostand meurt le 2 décembre 1918 de l'épidémie de grippe espagnole qui ravage alors la France.

La France au temps de Rostand

La République, enfin !

Rostand naît deux ans avant la chute du second Empire et la proclamation de la République. Après l'écrasement de la Commune de Paris (1871), une **république démocratique, laïque et parlementaire** est instaurée. À l'intérieur, elle rend l'enseignement primaire laïc, gratuit, obligatoire, et ouvre le secondaire aux filles. À partir de 1881, elle établit les grandes **libertés publiques** : libertés de réunion, de presse, liberté syndicale. À l'extérieur, elle pratique une politique

L'instruction devient publique laïque, gratuite et obligatoire.

d'**expansion coloniale**, en Orient et en Afrique, afin de restaurer le prestige et l'influence de la France dans le monde. La loi sur la séparation des Églises et de l'État, en 1905, confirme le caractère laïc du régime républicain.

Un régime parfois fragilisé

Mais la République est aussi menacée par quelques grandes crises. Entre 1885 et 1889, les adversaires du régime parlementaire mettent leurs espoirs dans **le général Boulanger**, populaire mais finalement trop faible pour faire un coup d'État. En 1891, une enquête sur la fail-

1868	1870	1881-1882	1890	1891	1894
Naissance d'Edmond Rostand			Mariage avec Rosemonde Gérard		Rencontre avec Sarah Bernhardt
	Guerre franco-prussienne. Proclamation de la IIIe République	Lois scolaires de Jules Ferry		Scandale financier de Panamà	Condamnation d'Alfred Dreyfus

lite de la compagnie chargée de creuser le canal de **Panamà** met en évidence la complicité entre certains politiciens et la haute finance : ce scandale est orchestré par la presse antisémite, qui va se déchaîner ensuite avec **l'affaire Dreyfus**, cet officier juif injustement condamné pour espionnage. Cette affaire, où Zola s'illustre pour rétablir la vérité, coupe la France en deux camps : contre la majeure partie de son milieu, Rostand est au nombre des « dreyfusards ».

Une époque d'innovations

La IIIe République prolonge l'essor industriel du second Empire, grâce à d'importants progrès technologiques : le territoire continue à se couvrir de chemins de fer, et ce sont les débuts de l'automobile et de l'aviation, l'invention de la lampe électrique, du téléphone, du phonographe, du cinéma. Ce demi-siècle est aussi l'époque des révolutions scientifiques : la théorie évolutionniste de Darwin se répand. Mais avec la boucherie absurde de la Première Guerre mondiale, un cycle s'achève : en même temps que Rostand, meurt en 1918 une certaine **foi dans le progrès**. ■

Une époque de progrès technologiques fulgurants.

	Cyrano de Bergerac		*L'Aiglon*		Élection à l'Académie française.				Mort d'Edmond Rostand
1897	1898		1900	1901	1905	1906	1914	1918	
	Condamnation de Zola pour son article « J'accuse » qui défend Dreyfus.		Exposition universelle à Paris	Lois sur les associations	Loi de séparation des Églises et de l'État	Réhabilitation du capitaine Dreyfus	Début de la Première Guerre mondiale	Armistice du 11 novembre	

Qui sont les personnages ?

Cyrano de Bergerac

Fine lame, esprit brillant et libre, il aime en secret sa cousine Roxane, mais, enlaidi par un nez disproportionné, il s'interdit tout espoir. Il se résout à la séduire par procuration, en prêtant son éloquence au beau Christian. Mais il n'est pas facile de rester dans l'ombre quand d'autres brillent avec vos mots...

Finira-t-il par se faire aimer pour lui-même ?

Christian de Neuvillette

Aussi beau que Cyrano est laid, il soupire pour Roxane, qui n'est pas insensible à son charme. Mais pour lui faire sa cour il manque cruellement d'esprit. Aussi accepte-t-il que Cyrano lui souffle les belles phrases qu'attend sa bien-aimée. Mais c'est un jeu risqué...

Va-t-il pouvoir vivre longtemps dans ce mensonge ?

Roxane

Magdeleine Robin, dite Roxane, est une « précieuse » ravissante, coquette, irrésistible. Son cousin Cyrano l'aime en secret, mais c'est du beau Christian qu'elle s'est éprise. Or le comte de Guiche, qui voudrait en faire sa maîtresse, est un danger redoutable pour le couple...

Entre ces trois hommes, trouvera-t-elle le bonheur ?

Le comte de Guiche

Neveu par alliance de Richelieu, il a tout du noble arrogant et sûr de son bon droit : il ne supporte ni l'insolente liberté de Cyrano, ni les refus malicieux de Roxane. Sa haute situation pourrait lui donner l'occasion de se venger de l'un et de l'autre...

Ira-t-il jusqu'à mettre en danger leur bonheur, et même leur vie ?

Le Bret

C'est entre tous l'ami fidèle de Cyrano, celui qui « grogne » régulièrement contre sa témérité, ses folies, son manque de réalisme. Il voudrait le voir plus prudent, plus conciliant, moins fantasque... Il est le témoin de tous les moments importants de sa vie, jusqu'au dernier.

Saura-t-il rendre Cyrano plus raisonnable ?

Ragueneau

Pâtissier par métier et poète par vocation, il fait bon accueil dans sa boutique à tous ses « confrères » rimailleurs. Très attaché à Cyrano, qu'il admire avec ferveur, il restera l'un de ses plus sincères amis.

Deviendra-t-il le poète qu'il rêve d'être ?

lire

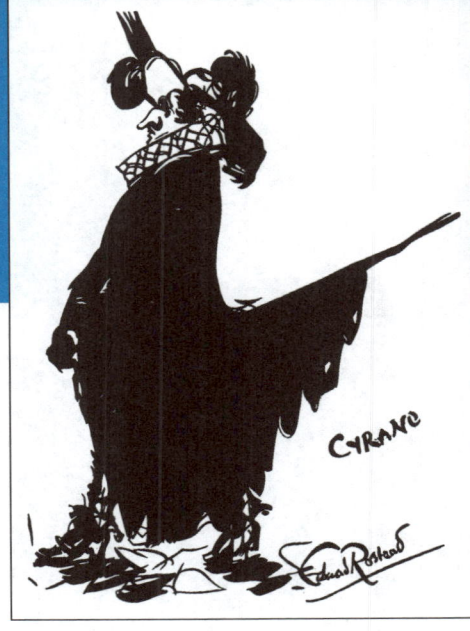

Edmond Rostand

Cyrano de Bergerac

comédie héroïque

1897

Le Jeu de paume,
gravure d'Abraham
Bosse, 1630.

Une représentation à l'hôtel de Bourgogne

La salle de l'hôtel de Bourgogne[1], en 1640. Sorte de hangar de jeu de paume[2] aménagé et embelli pour des représentations.

La salle est un carré long ; on la voit en biais, de sorte qu'un de ses côtés forme le fond qui part du premier plan, à droite, et va au dernier plan, à gauche, faire angle avec la scène qu'on aperçoit en pan coupé.

Cette scène est encombrée, des deux côtés, le long des coulisses, par des banquettes. Le rideau est formé par deux tapisseries qui peuvent s'écarter. Au-dessus du manteau d'Arlequin[3], les armes royales. On descend de l'estrade dans la salle par de longues marches. De chaque côté de ces marches, la place des violons. Rampe de chandelles.

Deux rangs superposés de galeries latérales : le rang supérieur est divisé en loges. Pas de sièges au parterre, qui est la scène même du théâtre ; au fond de ce parterre, c'est-à-dire à droite, premier plan, quelques bancs formant gradins et, sous un escalier qui monte vers des places supérieures et dont on ne voit que le départ, une sorte de buffet orné de petits lustres, de vases fleuris, de verres de cristal, d'assiettes de gâteaux, de flacons, etc.

Au fond, au milieu, sous la galerie de loges, l'entrée du théâtre. Grande porte qui s'entrebâille pour laisser passer les spectateurs. Sur les battants de cette porte, ainsi que dans plusieurs coins et au-dessus du buffet, des affiches rouges sur lesquelles on lit : La Clorise.

Au lever du rideau, la salle est dans une demi-obscurité, vide encore. Les lustres sont baissés au milieu du parterre, attendant d'être allumés.

Une scène encombrée

Sur les deux côtés de la scène, des spectateurs « de qualité » étaient assis à grands frais sur des sièges disposés en doubles ou triples rangées dites « banquettes » (voir p. 34). Au siècle suivant, Voltaire contribua à éliminer cette habitude qui gênait le jeu des acteurs, le déploiement des décors et la mise en scène. ■

1. Situé dans le quartier des Halles, ce théâtre, le plus ancien de Paris, accueillait la troupe royale.
2. Jeu de balle, ancêtre du tennis.
3. Encadrement intérieur de la scène, en bois.

■ Scène 1

LE PUBLIC, *qui arrive peu à peu.* CAVALIERS, BOURGEOIS, LAQUAIS, PAGES, TIRE-LAINE, LE PORTIER, *etc.,* puis LES MARQUIS, CUIGY, BRISSAILLE, LA DISTRIBUTRICE, LES VIOLONS, *etc.*

> *On entend derrière la porte un tumulte de voix, puis un cavalier entre brusquement.*

LE PORTIER, *le poursuivant.*
Holà ! Vos quinze sols !

LE CAVALIER

J'entre gratis !

LE PORTIER

Pourquoi ?

LE CAVALIER
Je suis chevau-léger[1] de la maison du Roi !

LE PORTIER, *à un autre cavalier qui vient d'entrer.*
Vous ?

DEUXIÈME CAVALIER
Je ne paye pas !

LE PORTIER

Mais…

DEUXIÈME CAVALIER

Je suis mousquetaire.

PREMIER CAVALIER, *au deuxième.*
On ne commence qu'à deux heures. Le parterre
Est vide. Exerçons-nous au fleuret.

> *Ils font des armes avec des fleurets qu'ils ont apportés.*

UN LAQUAIS, *entrant.*

Pst… Flanquin…

UN AUTRE, *déjà arrivé.*
Champagne ?…

1. Cavalier d'un régiment chargé de la garde du roi.

16 lire

LE PREMIER, *lui montrant des jeux qu'il sort de son pourpoint[2].*
Cartes. Dés.

Il s'assied par terre.

Jouons.

LE DEUXIÈME, *même jeu.*
Oui, mon coquin.

PREMIER LAQUAIS, *tirant de sa poche un bout de chandelle qu'il allume et colle par terre.*
J'ai soustrait à mon maître un peu de luminaire[3].

UN GARDE, *à une bouquetière[4] qui s'avance.*
C'est gentil de venir avant que l'on n'éclaire !…

Il lui prend la taille.

UN DES BRETTEURS[5], *recevant un coup de fleuret.*
Touche !

UN DES JOUEURS
Trèfle !

LE GARDE, *poursuivant la fille.*
Un baiser !

LA BOUQUETIÈRE, *se dégageant.*
On voit !…

LE GARDE, *l'entraînant dans les coins sombres.*
Pas de danger !

UN HOMME, *s'asseyant par terre avec d'autres porteurs de provisions de bouche.*
Lorsqu'on vient en avance, on est bien pour manger.

UN BOURGEOIS, *conduisant son fils.*
Plaçons-nous là, mon fils.

UN JOUEUR
Brelan[6] d'as !

UN HOMME, *tirant une bouteille de sous son manteau et s'asseyant aussi.*
Un ivrogne

10

2. Du haut de son vêtement.
3. D'éclairage.
4. Vendeuse ambulante de fleurs.
5. Escrimeurs habiles.
6. Trois cartes de même valeur.

Doit boire son bourgogne…

Il boit.

… à l'hôtel de Bourgogne !

LE BOURGEOIS, *à son fils.*
Ne se croirait-on pas en quelque mauvais lieu ?

Il montre l'ivrogne du bout de sa canne.

Buveurs…

En rompant[1], un des cavaliers le bouscule.

Bretteurs !

Il tombe au milieu des joueurs.

Joueurs !

LE GARDE, *derrière lui, lutinant[2] toujours la femme.*
Un baiser !

LE BOURGEOIS, *éloignant vivement son fils.*

Jour de Dieu !
– Et penser que c'est dans une salle pareille
Qu'on joua du Rotrou[3], mon fils !

LE JEUNE HOMME

Et du Corneille !

UNE BANDE DE PAGES, *se tenant par la main, entre en farandole et chante.*

Tra la la la la la la la la la lère…

LE PORTIER, *sévèrement aux pages.*
Les pages, pas de farce !…

PREMIER PAGE, *avec une dignité blessée.*

Oh ! Monsieur ! ce soupçon !…

Vivement au deuxième, dès que le portier a tourné le dos.
As-tu de la ficelle ?

LE DEUXIÈME

Avec un hameçon.

1. En reculant.
2. Taquinant.
3. Auteur de comédies
   et de tragédies
   (1609-1650).

PREMIER PAGE
On pourra de là-haut pêcher quelque perruque.

UN TIRE-LAINE[4], *groupant autour de lui plusieurs hommes de mauvaise mine.*
Or çà, jeunes escrocs, venez qu'on vous éduque :
Puis donc que[5] vous volez pour la première fois…

DEUXIÈME PAGE, *criant à d'autres pages déjà placés aux galeries supérieures.*
Hep ! Avez-vous des sarbacanes[6] ?

TROISIÈME PAGE, *d'en haut.*

Et des pois !
Il souffle et les crible de pois.

LE JEUNE HOMME, *à son père.*
Que va-t-on nous jouer ?

LE BOURGEOIS

Clorise.

LE JEUNE HOMME

De qui est-ce ?

LE BOURGEOIS
De monsieur Balthazar Baro. C'est une pièce !…
Il remonte[7] au bras de son fils.

LE TIRE-LAINE, *à ses acolytes[8].*
… La dentelle surtout des canons[9], coupez-la !

UN SPECTATEUR, *à un autre, lui montrant une encoignure élevée.*
Tenez, à la première du *Cid*[10], j'étais là !

LE TIRE-LAINE, *faisant avec ses doigts le geste de subtiliser.*
Les montres…

LE BOURGEOIS, *redescendant[11], à son fils.*
Vous verrez des acteurs très illustres…

LE TIRE-LAINE, *faisant le geste de tirer par petites secousses furtives[12].*
Les mouchoirs…

20

4. Voleur à la tire.
5. Puisque donc.
6. Tubes minces dans lesquels on souffle pour propulser des projectiles (ici des petits pois).
7. Se dirige vers le fond de la scène.
8. Complices.
9. Pièces de toile attachées au-dessous du genou et ornées de dentelle, de rubans.
10. La pièce de Pierre Corneille fut jouée pour la première fois le 7 janvier 1637.
11. Se dirigeant vers le devant de la scène.
12. Discrètes.

LE BOURGEOIS

      Montfleury…

QUELQU'UN, *criant de la galerie supérieure.*

        Allumez donc les lustres !

LE BOURGEOIS

… Bellerose, l'Épy, la Beaupré, Jodelet !

UN PAGE, *au parterre.*

Ah ! voici la distributrice !…

LA DISTRIBUTRICE, *paraissant derrière le buffet.*

        Oranges, lait,

Eau de framboise, aigre de cèdre[1]…

            Brouhaha à la porte.

UNE VOIX DE FAUSSET

        Place, brutes !

UN LAQUAIS, *s'étonnant.*

Les marquis !… au parterre ?…

UN AUTRE LAQUAIS

        Oh ! pour quelques minutes.

        Entre une bande de petits marquis.

UN MARQUIS, *voyant la salle à moitié vide.*

Hé quoi ! Nous arrivons ainsi que les drapiers[2],

Sans déranger les gens ? sans marcher sur les pieds ?

Ah ! fi ! fi ! fi !

    Il se trouve devant d'autres gentilshommes entrés peu avant.

      Cuigy ! Brissaille !

           Grandes embrassades.

CUIGY

        Des fidèles !…

Mais oui, nous arrivons devant que[3] les chandelles…

LE MARQUIS

Ah ! ne m'en parlez pas ! Je suis dans une humeur…

Un autre
Console-toi, marquis, car voici l'allumeur !

La salle, *saluant l'entrée de l'allumeur.*
Ah !…

> *On se groupe autour des lustres qu'il allume. Quelques personnes ont pris place aux galeries. Lignière entre au parterre, donnant le bras à Christian de Neuvillette. Lignière, un peu débraillé, figure d'ivrogne distingué. Christian, vêtu élégamment, mais d'une façon un peu démodée, paraît préoccupé et regarde les loges.*

■ Scène 2

Les mêmes, Christian, Lignière, *puis* **Ragueneau** *et* **Le Bret.**

Cuigy
Lignière !

Brissaille, *riant.*
Pas encor gris[4] !…

Lignière, *bas à Christian.*
Je vous présente ?
Signe d'assentiment[5] de Christian.
Baron de Neuvillette.

Saluts.

La salle, *acclamant l'ascension du premier lustre allumé.*
Ah !

Cuigy, *à Brissaille, en regardant Christian.*
La tête est charmante.

Premier marquis, *qui a entendu.*
Peuh !…

Lignière, *présentant à Christian.*
Messieurs de Cuigy, de Brissaille…

40

4. Ivre.
5. D'accord.

CHRISTIAN, *s'inclinant.*

Enchanté !...

PREMIER MARQUIS, *au deuxième.*
Il est assez joli, mais n'est pas ajusté
Au dernier goût[1].

LIGNIÈRE, *à Cuigy.*

Monsieur débarque de Touraine.

CHRISTIAN
Oui, je suis à Paris depuis vingt jours à peine.
J'entre aux gardes demain, dans les Cadets[2].

PREMIER MARQUIS, *regardant les personnes qui entrent dans les loges.*

Voilà

La présidente Aubry !

LA DISTRIBUTRICE

Oranges, lait.

LES VIOLONS, *s'accordant.*

La... la...

CUIGY, *à Christian, lui désignant la salle qui se garnit.*
Du monde !

CHRISTIAN

Eh ! oui, beaucoup.

PREMIER MARQUIS

Tout le bel air !
Ils nomment les femmes à mesure qu'elles entrent, très parées, dans les loges. Envois de saluts, réponses de sourires.

DEUXIÈME MARQUIS

Mesdames

De Guéméné...

CUIGY

De Bois-Dauphin...

1. À la dernière mode.
2. Jeunes gentilshommes apprenant le métier des armes.

PREMIER MARQUIS

Que nous aimâmes.

BRISSAILLE
De Chavigny…

DEUXIÈME MARQUIS

Qui de nos cœurs va se jouant !

LIGNIÈRE
Tiens, monsieur de Corneille est arrivé de Rouen.

LE JEUNE HOMME, *à son père.*
L'Académie[3] est là ?

LE BOURGEOIS

Mais… j'en vois plus d'un membre ;
Voici Boudu, Boissat, et Cureau de la Chambre ;
Porchères, Colomby, Bourzeys, Bourdon, Arbaud…
Tous ces noms dont pas un ne mourra[4], que c'est beau !

PREMIER MARQUIS
Attention ! nos précieuses prennent place :
Barthénoïde, Urimédonte, Cassandace,
Félixérie…

DEUXIÈME MARQUIS, *se pâmant.*

Ah ! Dieu ! leurs surnoms sont exquis !
Marquis, tu les sais tous ?

PREMIER MARQUIS

Je les sais tous, marquis !

LIGNIÈRE, *prenant Christian à part.*
Mon cher, je suis entré pour vous rendre service :
La dame ne vient pas. Je retourne à mon vice !

CHRISTIAN, *suppliant.*
Non !… Vous qui chansonnez[5] et la ville et la cour,
Restez : vous me direz pour qui je meurs d'amour.

ACTE I, 2

Les précieuses

Les précieuses étaient des femmes qui adoptèrent au XVIIe siècle une attitude nouvelle et raffinée, traduite dans un langage subtil et recherché jusqu'à l'affectation. Elles adoptaient des surnoms empruntés à leurs lectures romanesques. Molière les a caricaturées dans *Les Précieuses ridicules* (1659). ■

3. L'Académie française, fondée par Richelieu en 1634.
4. Les académiciens, toujours au nombre de quarante, sont nommés « les Immortels ».
5. Vous qui vous moquez en chansons.

LE CHEF DES VIOLONS, *frappant sur son pupitre, avec son archet.*
Messieurs les violons !…

Il lève son archet.

LA DISTRIBUTRICE

Macarons, citronnée…

Les violons commencent à jouer.

CHRISTIAN
J'ai peur qu'elle ne soit coquette et raffinée,
Je n'ose lui parler car je n'ai pas d'esprit…
Le langage aujourd'hui qu'on parle et qu'on écrit,
Me trouble. Je ne suis qu'un bon soldat timide.
– Elle est toujours, à droite, au fond : la loge est vide.

LIGNIÈRE, *faisant mine de sortir.*
Je pars.

CHRISTIAN, *le retenant encore.*
Oh ! non, restez !

LIGNIÈRE

Je ne peux. D'Assoucy[1]
70 M'attend au cabaret. On meurt de soif, ici.

LA DISTRIBUTRICE, *passant devant lui avec un plateau.*
Orangeade ?

LIGNIÈRE
Fi !

LA DISTRIBUTRICE
Lait ?

LIGNIÈRE
Pouah !

LA DISTRIBUTRICE
Rivesalte[2] ?

LIGNIÈRE
Halte !

À Christian.

1. Poète et musicien (1605-1677), ami de Molière et de Cyrano.
2. Vin doux des Pyrénées-Orientales.

Je reste encor un peu. – Voyons ce rivesalte ?

Il s'assied près du buffet. La distributrice lui verse du rivesalte.

CRIS, *dans le public à l'entrée d'un petit homme grassouillet et réjoui.*
Ah ! Ragueneau !...

LIGNIÈRE, *à Christian.*
                    Le grand rôtisseur Ragueneau.

RAGUENEAU, *costume de pâtissier endimanché, s'avançant vivement vers Lignière.*
Monsieur, avez-vous vu monsieur de Cyrano ?

LIGNIÈRE, *présentant Ragueneau à Christian.*
Le pâtissier des comédiens et des poètes !

RAGUENEAU, *se confondant.*
Trop d'honneur...

LIGNIÈRE
                    Taisez-vous, Mécène que vous êtes !

RAGUENEAU
Oui, ces messieurs chez moi se servent...

LIGNIÈRE
                                        À crédit.
Poète de talent lui-même...

RAGUENEAU
                    Ils me l'ont dit.

LIGNIÈRE
Fou de vers !

RAGUENEAU
            Il est vrai que pour une odelette[3]...

LIGNIÈRE
Vous donnez une tarte...

RAGUENEAU
                    Oh ! une tartelette !

Mécène

Conseiller puis ami de l'empereur romain Auguste, Mécène (69-8 av. J.-C.) encouragea les artistes et les poètes en leur ouvrant sa maison et en les aidant financièrement. Son nom est devenu synonyme de protecteur des arts et des lettres. ■

80

3. Petit poème gracieux.

LIGNIÈRE

Brave homme, il s'en excuse !… Et pour un triolet[1]
Ne donnâtes-vous pas ?…

RAGUENEAU

Des petits pains !

LIGNIÈRE, *sévèrement.*

Au lait.

– Et le théâtre ! Vous l'aimez ?

RAGUENEAU

Je l'idolâtre.

LIGNIÈRE

Vous payez en gâteaux vos billets de théâtre !
Votre place, aujourd'hui, là, voyons, entre nous,
Vous a coûté combien ?

RAGUENEAU

Quatre flans. Quinze choux.

Il regarde de tous côtés.

Monsieur de Cyrano n'est pas là ? Je m'étonne.

LIGNIÈRE

Pourquoi ?

RAGUENEAU

Montfleury[2] joue !

LIGNIÈRE

En effet, cette tonne[3]
Va nous jouer ce soir le rôle de Phédon[4].
90 Qu'importe à Cyrano ?

RAGUENEAU

Mais vous ignorez donc ?
Il fit à Montfleury, messieurs, qu'il prit en haine,
Défense, pour un mois, de reparaître en scène.

LIGNIÈRE, *qui en est à son quatrième petit verre.*
Eh bien ?

1. Poème de huit vers
sur deux rimes.
2. Voir encarts, p. 20 et 43.
3. Ce tonneau.
4. Personnage de *La Clorise*
(voir v. 24-25).

RAGUENEAU

Montfleury joue !

CUIGY, *qui s'est rapproché de son groupe.*

Il n'y peut rien.

RAGUENEAU

Oh ! oh !

Moi, je suis venu voir !

PREMIER MARQUIS

Quel est ce Cyrano ?

CUIGY

C'est un garçon versé dans les colichemardes.[5]

DEUXIÈME MARQUIS

Noble ?

CUIGY

Suffisamment. Il est cadet aux gardes.

Montrant un gentilhomme qui va et vient dans la salle comme s'il cherchait quelqu'un.

Mais son ami Le Bret peut vous dire…

Il appelle.

Le Bret !

Le Bret descend vers eux.

Vous cherchez Bergerac ?

LE BRET

Oui, je suis inquiet !…

CUIGY

N'est-ce pas que cet homme est des moins ordinaires ?

100

LE BRET, *avec tendresse.*

Ah ! c'est le plus exquis des êtres sublunaires[6] !

RAGUENEAU

Rimeur !

CUIGY

Bretteur !

? A votre Avis

Ragueneau arrive pour…

☐ empêcher Cyrano d'intervenir ?

☐ encourager Cyrano ?

☐ profiter de la scène qui va se jouer ?

5. C'est un homme qui apprécie les épées.

6. Terrestres (vivant sous la lune).

BRISSAILLE

Physicien !

LE BRET

Musicien !

LIGNIÈRE

Et quel aspect hétéroclite[1] que le sien !

RAGUENEAU

Certes, je ne crois pas que jamais nous le peigne
Le solennel monsieur Philippe de Champaigne[2].
Mais bizarre, excessif, extravagant, falot[3],
Il eût fourni, je pense, à feu[4] Jacques Callot[5]
Le plus fol spadassin[6] à mettre entre ses masques :
Feutre[7] à panache triple et pourpoint à six basques[8],
Cape, que par derrière, avec pompe[9], l'estoc[10]
110 Lève, comme une queue insolente de coq,
Plus fier que tous les Artabans[11] dont la Gascogne
Fut et sera toujours l'alme Mère Gigogne[12],
Il promène, en sa fraise à la Pulcinella[13],
Un nez !… Ah ! messeigneurs, quel nez que ce nez-là !…
On ne peut voir passer un pareil nasigère[14]
Sans s'écrier : « Oh ! non, vraiment, il exagère ! »
Puis on sourit, on dit : « Il va l'enlever… » Mais
Monsieur de Bergerac ne l'enlève jamais.

LE BRET, *hochant la tête.*

Il le porte, – et pourfend quiconque le remarque !

RAGUENEAU, *fièrement.*

120 Son glaive est la moitié des ciseaux de la Parque[15] !

PREMIER MARQUIS, *haussant les épaules.*

Il ne viendra pas !

RAGUENEAU

Si !… Je parie un poulet
À la Ragueneau !

1. Irrégulier, disparate.
2. Peintre classique (1602-1674), auteur de portraits officiels.
3. Un peu ridicule (sens vieilli).
4. Au défunt.
5. Graveur et dessinateur (1592-1635) qui peignit les personnages masqués de la *commedia dell'arte*.
6. Escrimeur.
7. Chapeau en étoffe.
8. Le pourpoint se terminait par des découpes de tissu autour de la ceinture, les *basques*.
9. Solennellement.
10. La grande épée.
11. Personnage d'un roman précieux, réputé pour sa fierté.
12. Personnage populaire de géante à la nombreuse progéniture (*alme* = nourricière).
13. Polichinelle, personnage de la *commedia dell'arte*.
14. Porteur de nez (néologisme).
15. Déesse de la mort dans l'Antiquité.

LE MARQUIS, *riant.*

Soit !

Rumeurs d'admiration dans la salle. Roxane vient de paraître dans sa loge. Elle s'assied sur le devant, sa duègne prend place au fond. Christian, occupé à payer la distributrice, ne regarde pas.

DEUXIÈME MARQUIS, *avec des petits cris.*

Ah ! messieurs ! mais elle est
Épouvantablement ravissante !

PREMIER MARQUIS

Une pêche
Qui sourirait avec une fraise !

DEUXIÈME MARQUIS

Et si fraîche
Qu'on pourrait, l'approchant, prendre un rhume de cœur !

CHRISTIAN, *lève la tête, aperçoit Roxane, et saisit vivement Lignière par le bras.*
C'est elle !

LIGNIÈRE, *regardant.*

Ah ! c'est elle ?…

CHRISTIAN

Oui. Dites vite. J'ai peur.

LIGNIÈRE, *dégustant son rivesalte à petits coups.*
Magdeleine Robin, dite Roxane. – Fine.
Précieuse.

CHRISTIAN

Hélas !

LIGNIÈRE

Libre. Orpheline. Cousine
De Cyrano, – dont on parlait…

À ce moment, un seigneur très élégant, le cordon bleu[16] en sautoir[17], entre dans la loge et, debout, cause un instant avec Roxane.

16. Insigne des chevaliers de l'ordre du Saint-Esprit.
17. En long collier.

CHRISTIAN, *tressaillant.*

Cet homme ?...

LIGNIÈRE, *qui commence à être gris, clignant de l'œil.*

Hé ! hé !...

130   – Comte de Guiche. Épris d'elle. Mais marié
À la nièce d'Armand de Richelieu. Désire
Faire épouser Roxane à certain triste sire,
Un monsieur de Valvert, vicomte… et complaisant[1].
Elle n'y souscrit pas[2], mais de Guiche est puissant :
Il peut persécuter une simple bourgeoise.
D'ailleurs j'ai dévoilé sa manœuvre sournoise
Dans une chanson qui… Ho ! il doit m'en vouloir !
– La fin était méchante… Écoutez…

Il se lève en titubant, le verre haut, prêt à chanter.

CHRISTIAN

Non. Bonsoir.

LIGNIÈRE
Vous allez ?

CHRISTIAN

Chez monsieur de Valvert !

LIGNIÈRE

Prenez garde :

140   C'est lui qui vous tuera !

Lui désignant du coin de l'œil Roxane.
Restez. On vous regarde.

CHRISTIAN
C'est vrai !

Il reste en contemplation. Le groupe de tire-laine, à partir de ce moment, le voyant la tête en l'air et bouche bée, se rapproche de lui.

LIGNIÈRE

C'est moi qui pars. J'ai soif ! Et l'on m'attend
– Dans des tavernes !

Il sort en zigzaguant.

1. Lâche (il fermera les yeux sur les infidélités de sa femme).
2. Elle n'est pas d'accord.

LE BRET, *qui a fait le tour de la salle, revenant vers Ragueneau, d'une voix rassurée.*

Pas de Cyrano.

RAGUENEAU, *incrédule.*

Pourtant…

LE BRET
Ah ! je veux espérer qu'il n'a pas vu l'affiche !

LA SALLE, *trépignante*
Commencez ! Commencez !

■ Scène 3

LES MÊMES, *moins* **LIGNIÈRE** *; de* **GUICHE, VALVERT,**
puis **MONTFLEURY.**

UN MARQUIS, *voyant de Guiche, qui descend de la loge de Roxane, traverse le parterre, entouré de seigneurs obséquieux*[3]*, parmi lesquels le vicomte de Valvert.*

Quelle cour, ce de Guiche !

UN AUTRE
Fi !… Encore un Gascon !

LE PREMIER

Le Gascon souple et froid,
Celui qui réussit !… Saluons-le, crois-moi.

Ils vont vers de Guiche.

DEUXIÈME MARQUIS
Les beaux rubans ! Quelle couleur, comte de Guiche ?
Baise-moi-ma-mignonne ou bien *Ventre-de-biche* ?

DE GUICHE
C'est couleur *Espagnol malade*.

3. Serviles, rampants.

La guerre avec l'Espagne

La politique étrangère de Richelieu visait à contrer la puissance des royaumes d'Espagne et d'Autriche. Confronté depuis 1618 aux revendications des États de l'Allemagne et de la Flandre, la France entra à leur côté dans cette « guerre de Trente Ans », en 1635. ■

PREMIER MARQUIS

La couleur

150 Ne ment pas, car bientôt, grâce à votre valeur,
L'Espagnol ira mal, dans les Flandres !

DE GUICHE

Je monte

Sur scène. Venez-vous ?

Il se dirige suivi de tous les marquis et gentils-hommes vers le théâtre. Il se retourne et appelle.

Viens, Valvert !

CHRISTIAN, *qui les écoute et les observe, tressaille en entendant ce nom.*

Le vicomte !

Ah ! je vais lui jeter à la face mon…

Il met la main dans sa poche, et y rencontre celle d'un tire-laine en train de le dévaliser. Il se retourne.

Hein ?

LE TIRE-LAINE
Ay !…

CHRISTIAN, *sans le lâcher.*
Je cherchais un gant !

LE TIRE-LAINE, *avec un sourire piteux*[1].

Vous trouvez une main.

Changeant de ton, bas et vite.

Lâchez-moi. Je vous livre un secret.

CHRISTIAN, *le tenant toujours.*

Quel ?

LE TIRE-LAINE

Lignière…

Qui vous quitte…

CHRISTIAN, *de même.*

Eh ! bien ?

1. Confus.

LE TIRE-LAINE

         … touche à son heure dernière.
Une chanson qu'il fit blessa quelqu'un de grand,
Et cent hommes – j'en suis – ce soir sont postés[2] !…

CHRISTIAN

         Cent !

Par qui ?

LE TIRE-LAINE

      Discrétion…

CHRISTIAN, *haussant les épaules.*
        Oh !

LE TIRE-LAINE, *avec beaucoup de dignité.*
        Professionnelle !

CHRISTIAN
Où seront-ils postés ?

LE TIRE-LAINE

        À la porte de Nesle.
Sur son chemin. Prévenez-le !

CHRISTIAN, *qui lui lâche enfin le poignet.*
        Mais où le voir ?

LE TIRE-LAINE
Allez courir tous les cabarets : *le Pressoir
D'Or, la Pomme de Pin, la Ceinture qui craque,
Les Deux Torches, les Trois Entonnoirs,* – et dans chaque,
Laissez un petit mot d'écrit l'avertissant.

CHRISTIAN
Oui, je cours ! Ah ! les gueux ! Contre un seul homme, cent !
        Regardant Roxane avec amour.

La quitter… elle !

        Avec fureur, Valvert.
        Et lui !… – Mais il faut que je sauve

160

2. Placés en embuscade.

Lignière !…

> *Il sort en courant. – De Guiche, le vicomte, les marquis, tous les gentilshommes ont disparu derrière le rideau pour prendre place sur les banquettes de la scène. Le parterre est complètement rempli. Plus une place vide aux galeries et aux loges.*

LA SALLE

Commencez.

UN BOURGEOIS, *dont la perruque s'envole au bout d'une ficelle, pêchée par un page de la galerie supérieure.*

Ma perruque !

CRIS DE JOIE

Il est chauve !…

Bravo, les pages !… Ha ! ha ! ha !…

LE BOURGEOIS, *furieux, montrant le poing.*

Petit gredin !

RIRES ET CRIS, *qui commencent très fort et vont décroissant.*

170 HA ! HA ! ha ! ha ! ha ! ha !

> *Silence complet.*

LE BRET, *étonné.*

Ce silence soudain ?…

> *Un spectateur lui parle bas.*

Ah ?…

LE SPECTATEUR

La chose me vient d'être certifiée.

MURMURES, *qui courent.*

Chut ! – Il paraît ?… – Non !… – Si ! – Dans la loge grillée.
– Le Cardinal[1] ! – Le Cardinal ? – Le Cardinal !

UN PAGE

Ah ! diable, on ne va pas pouvoir se tenir mal !…

> *On frappe sur la scène. Tout le monde s'immobilise.*
>
> *Attente.*

1. Le cardinal de Richelieu, principal ministre de Louis XIII.

LA VOIX D'UN MARQUIS, *dans le silence, derrière le rideau.*
Mouchez[2] cette chandelle !

UN AUTRE MARQUIS, *passant la tête par la fente du rideau.*
Une chaise !

> *Une chaise est passée, de main en main, au-dessus des têtes. Le marquis la prend et disparaît, non sans avoir envoyé quelques baisers aux loges.*

UN SPECTATEUR
Silence !

> *On refrappe les trois coups. Le rideau s'ouvre. Tableau. Les marquis assis sur les côtés, dans des poses insolentes. Toile de fond représentant un décor bleuâtre de pastorale[3]. Quatre petits lustres de cristal éclairent la scène. Les violons jouent doucement.*

LE BRET, *à Ragueneau, bas.*
Montfleury entre en scène ?

RAGUENEAU, *bas aussi.*
Oui, c'est lui qui commence.

LE BRET
Cyrano n'est pas là.

RAGUENEAU
J'ai perdu mon pari.

LE BRET
Tant mieux ! tant mieux !

> *On entend un air de musette, et Montfleury paraît en scène, énorme, dans un costume de berger de pastorale, un chapeau garni de roses penché sur l'oreille, et soufflant dans une cornemuse enrubannée.*

LE PARTERRE, *applaudissant.*
Bravo, Montfleury ! Montfleury !

MONTFLEURY, *après avoir salué, jouant le rôle de Phédon.*
« Heureux qui loin des cours, dans un lieu solitaire,
Se prescrit[4] à soi-même un exil volontaire,
Et qui, lorsque Zéphire[5] a soufflé sur les bois… »

---

2. Éteignez.
3. Genre littéraire galant, mettant en scène des bergers.
4. S'impose.
5. Vent léger dans la mythologie grecque.

180

UNE VOIX, *au milieu du parterre.*
Coquin, ne t'ai-je pas interdit pour un mois ?
> *Stupeur. Tout le monde se retourne. Murmures.*

VOIX DIVERSES
Hein ? – Quoi ? – Qu'est-ce ?...
> *On se lève dans les loges, pour voir.*

CUIGY
> C'est lui !

LE BRET, *terrifié.*
> Cyrano !

LA VOIX
> Roi des pitres[1],

Hors de scène à l'instant !

TOUTE LA SALLE, *indignée.*
> Oh !

MONTFLEURY
> Mais...

LA VOIX
> Tu récalcitres[2] ?

VOIX DIVERSES, *du parterre, des loges.*
Chut ! – Assez ! – Montfleury, jouez ! – Ne craignez rien !...

MONTFLEURY, *d'une voix mal assurée.*
« Heureux qui loin des cours dans un lieu sol... »

LA VOIX, *plus menaçante.*
> Eh bien ?

Faudra-t-il que je fasse, ô Monarque des drôles,
Une plantation de bois sur vos épaules ?
> *Une canne au bout d'un bras jaillit au-dessus des têtes.*

MONTFLEURY, *d'une voix de plus en plus faible.*
« Heureux qui... »
> *La canne s'agite.*

1. Bouffons.
2. Tu résistes (néologisme).

LA VOIX

Sortez !

LE PARTERRE

Oh !

MONTFLEURY, *s'étranglant.*

« Heureux qui loin des cours... »

CYRANO, *surgissant du parterre, debout sur une chaise, les bras croisés, le feutre en bataille, la moustache hérissée, le nez terrible.*
Ah ! je vais me fâcher !...

190

Sensation à sa vue.

▪ Scène 4

LES MÊMES, CYRANO, *puis* BELLEROSE, JODELET.

MONTFLEURY, *aux marquis.*

Venez à mon secours,

Messieurs !

UN MARQUIS, *nonchalamment*[3].

Mais jouez donc !

CYRANO

Gros homme, si tu joues
Je vais être obligé de te fesser les joues !

LE MARQUIS
Assez !

CYRANO

Que les marquis se taisent sur leurs bancs,
Ou bien je fais tâter ma canne à leurs rubans !

TOUS LES MARQUIS, *debout.*
C'en est trop !... Montfleury...

3. Avec une certaine mollesse.

CYRANO

Que Montfleury s'en aille,
Ou bien je l'essorille[1] et le désentripaille[2] !

UNE VOIX
Mais…

CYRANO
Qu'il sorte !

UNE AUTRE VOIX

Pourtant…

CYRANO

Ce n'est pas encor fait ?
Avec le geste de retrousser ses manches.
Bon ! je vais sur la scène en guise de buffet,
Découper cette mortadelle d'Italie !

MONTFLEURY, *rassemblant toute sa dignité.*
200   En m'insultant, Monsieur, vous insultez Thalie[3] !

CYRANO, *très poli.*
Si cette Muse, à qui, Monsieur, vous n'êtes rien,
Avait l'honneur de vous connaître, croyez bien
Qu'en vous voyant si gros et bête comme une urne[4],
Elle vous flanquerait quelque part son cothurne[5].

LE PARTERRE
Montfleury ! – Montfleury ! – La pièce de Baro ! –

CYRANO, *à ceux qui crient autour de lui.*
Je vous en prie, ayez pitié de mon fourreau :
Si vous continuez, il va rendre sa lame !

Le cercle s'élargit.

LA FOULE, *reculant.*
Hé ! la !…

CYRANO, *à Montfleury.*
Sortez de scène !

1. Je lui coupe les oreilles.
2. Je lui enlève les tripes (néologisme).
3. Muse de la Comédie dans la mythologie antique.
4. Un vase.
5. Haute chaussure portée par les comédiens antiques.

L'hôtel de Bourgogne, illustration pour l'acte I, édition Lafitte, 1910.

LA FOULE, *se rapprochant et grondant.*

Oh ! oh !

CYRANO, *se retournant vivement.*

Quelqu'un réclame ?

Nouveau recul.

UNE VOIX, *chantant au fond.*

Monsieur de Cyrano
Vraiment nous tyrannise,
Malgré ce tyranneau[1]
On jouera *la Clorise*.

TOUTE LA SALLE, *chantant.*

La Clorise, la Clorise !…

CYRANO

Si j'entends une fois encor cette chanson,
Je vous assomme tous.

UN BOURGEOIS

Vous n'êtes pas Samson[2] !

CYRANO

Voulez-vous me prêter, Monsieur, votre mâchoire ?

UNE DAME, *dans les loges.*

C'est inouï !

UN SEIGNEUR

C'est scandaleux !

UN BOURGEOIS

C'est vexatoire[3] !

UN PAGE

Ce qu'on s'amuse !

LE PARTERRE

Kss ! – Montfleury ! – Cyrano !

CYRANO

Silence !

1. Petit tyran.
2. Allusion au héros biblique Samson, qui assomma ses ennemis avec une mâchoire d'âne.
3. Humiliant.

LE PARTERRE, *en délire.*

Hi han ! Bêê ! Ouah, ouah ! Cocorico !

CYRANO

Je vous… 220

UN PAGE

Miâou !

CYRANO

Je vous ordonne de vous taire !
Et j'adresse un défi collectif au parterre !
– J'inscris les noms ! – Approchez-vous, jeunes héros !
Chacun son tour ! Je vais donner des numéros ! –
Allons, quel est celui qui veut ouvrir la liste ?
Vous, Monsieur ? Non ! Vous ? Non ! Le premier duelliste,
Je l'expédie avec les honneurs qu'on lui doit !
– Que tous ceux qui veulent mourir lèvent le doigt.

Silence.

La pudeur vous défend de voir ma lame nue ?
Pas un nom ? – Pas un doigt ? – C'est bien. Je continue.

Se retournant vers la scène où Montfleury attend avec angoisse.

Donc, je désire voir le théâtre guéri 230
De cette fluxion[4]. Sinon…

La main à son épée.

le bistouri[5] !

MONTFLEURY

Je…

CYRANO *descend de sa chaise, s'assied au milieu du rond qui s'est formé, s'installe comme chez lui.*

Mes mains vont frapper trois claques, pleine lune !
Vous vous éclipserez[6] à la troisième.

LE PARTERRE, *amusé.*

Ah ?…

CYRANO, *frappant dans ses mains.*

Une !

4. Inflammation.
5. Couteau de chirurgien.
6. Vous disparaîtrez brutalement.

MONTFLEURY

Je…

UNE VOIX, *des loges.*

Restez !

LE PARTERRE

Restera… restera pas…

MONTFLEURY

Je crois,

Messieurs…

CYRANO

Deux !

MONTFLEURY

Je suis sûr qu'il vaudrait mieux que…

CYRANO

Trois !

Montfleury disparaît comme dans une trappe. Tempête de rires, et sifflets de huées.

LA SALLE

Hu !… hu !… Lâche !… Reviens !…

CYRANO, *épanoui, se renverse sur sa chaise et croise ses jambes.*

Qu'il revienne, s'il ose !

UN BOURGEOIS

L'orateur[1] de la troupe !

Bellerose s'avance et salue.

LES LOGES

Ah !… Voilà Bellerose !

BELLEROSE, *avec élégance.*

Nobles seigneurs…

LE PARTERRE

Non ! Non ! Jodelet !

1. Le porte-parole.

JODELET, *s'avance, et, nasillard.*

Tas de veaux !

LE PARTERRE
Ah ! Ah ! Bravo ! très bien ! bravo !

JODELET

Pas de bravos !
Le gros tragédien dont vous aimez le ventre
S'est senti…

LE PARTERRE
C'est un lâche !

JODELET

Il dut sortir !

LE PARTERRE

Qu'il rentre !

LES UNS
Non !

LES AUTRES
Si !

UN JEUNE HOMME, *à Cyrano.*

Mais à la fin, monsieur, quelle raison
Avez-vous de haïr Montfleury ?

CYRANO, *gracieux, toujours assis.*

Jeune oison,
J'ai deux raisons, dont chaque est suffisante seule.
Primo : c'est un acteur déplorable, qui gueule,
Et qui soulève avec des han ! de porteur d'eau,
Le vers qu'il faut laisser s'envoler ! – *Secundo :*
Est mon secret…

LE VIEUX BOURGEOIS, *derrière lui.*

Mais vous nous privez sans scrupule[2]
De la *Clorise* ! Je m'entête…

240

Montfleury

Non seulement Montfleury était énorme (le vrai Cyrano l'appelait « Gros Crevé »), mais son style était discuté. Ses cris puissants, sa diction artificielle et son jeu exagéré, s'ils plaisaient au parterre et à la Cour, lui valurent les moqueries des partisans d'un style plus naturel, tel Molière qui le parodia dans sa pièce *L'Impromptu de Versailles* (1663). ■

2. Sans remords.

CYRANO, *tournant sa chaise vers le bourgeois, respectueusement.*

Vieille mule,

250 Les vers du vieux Baro valant moins que zéro,
J'interromps sans remords !

LES PRÉCIEUSES, *dans les loges.*

Ha ! – Ho ! – Notre Baro !
Ma chère ! – Peut-on dire ?... Ah ! Dieu !...

CYRANO, *tournant sa chaise vers les loges, galant.*

Belles personnes,
Rayonnez, fleurissez, soyez des échansonnes[1]
De rêve, d'un sourire enchantez un trépas[2],
Inspirez-nous des vers... mais ne les jugez pas !

BELLEROSE
Et l'argent qu'il va falloir rendre !

CYRANO, *tournant sa chaise vers la scène.*

Bellerose,
Vous avez dit la seule intelligente chose !
Au manteau de Thespis[3] je ne fais pas de trous :

Il se lève, et lançant un sac sur la scène.

Attrapez cette bourse au vol, et taisez-vous !

LA SALLE, *éblouie.*

260 Ah !... Oh !...

JODELET, *ramassant prestement[4] la bourse et la soupesant.*

À ce prix-là, monsieur, je t'autorise
À venir chaque jour empêcher *la Clorise* !...

LA SALLE
Hu !... Hu !...

JODELET

Dussions-nous même ensemble être hués !...

BELLEROSE
Il faut évacuer la salle !...

1. Féminin burlesque
d'*échanson*, officier royal
chargé de la boisson.
2. Une mort.
3. Créateur mythique
de la tragédie grecque
(≃ 560 av. J.-C.).
4. Avec vivacité.

JODELET

Évacuez !…

On commence à sortir, pendant que Cyrano regarde d'un air satisfait. Mais la foule s'arrête bientôt en entendant la scène suivante, et la sortie cesse. Les femmes qui, dans les loges, étaient déjà debout, leur manteau remis, s'arrêtent pour écouter, et finissent par se rasseoir.

LE BRET, *à Cyrano.*
C'est fou !…

UN FÂCHEUX[5], *qui s'est approché de Cyrano.*
Le comédien Montfleury ! Quel scandale !
Mais il est protégé par le duc de Candale !
Avez-vous un patron[6] ?

CYRANO

Non !

LE FÂCHEUX

Vous n'avez pas ?…

CYRANO

Non !

LE FÂCHEUX
Quoi, pas un grand seigneur pour couvrir de son nom ?…

CYRANO, *agacé.*
Non, ai-je dit deux fois. Faut-il donc que je trisse[7] ?
Non, pas de protecteur…

La main à son épée.

Mais une protectrice !

LE FÂCHEUX
Mais vous allez quitter la ville ?

CYRANO

C'est selon.

LE FÂCHEUX
Mais le duc de Candale a le bras long !

270

5. Un gêneur.
6. Protecteur.
7. Triple.

CYRANO

Moins long

Que n'est le mien…

Montrant son épée.

quand je lui mets cette rallonge !

LE FÂCHEUX

Mais vous ne songez pas à prétendre…

CYRANO

J'y songe.

LE FÂCHEUX

Mais…

CYRANO

Tournez les talons, maintenant.

LE FÂCHEUX

Mais…

CYRANO

Tournez !

– Ou dites-moi pourquoi vous regardez mon nez.

LE FÂCHEUX, *ahuri.*

Je…

CYRANO, *marchant sur lui.*

Qu'a-t-il d'étonnant ?

LE FÂCHEUX, *reculant.*

Votre Grâce se trompe…

CYRANO

Est-il mol et ballant[1], monsieur, comme une trompe ?…

LE FÂCHEUX, *même jeu.*

Je n'ai pas…

CYRANO

Ou crochu comme un bec de hibou ?

1. Qui se balance.

46 lire

LE FÂCHEUX
Je...

CYRANO
    Y distingue-t-on une verrue au bout ?

LE FÂCHEUX
Mais...

CYRANO
        Ou si quelque mouche, à pas lents, s'y promène ?
Qu'a-t-il d'hétéroclite[2] ?

LE FÂCHEUX
                    Oh !...

CYRANO
                        Est-ce un phénomène ?

LE FÂCHEUX
Mais d'y porter les yeux, j'avais su me garder !

CYRANO
Et pourquoi, s'il vous plaît, ne pas le regarder ?

LE FÂCHEUX
J'avais...

CYRANO
        Il vous dégoûte alors ?

LE FÂCHEUX
                    Monsieur...

CYRANO
                        Malsaine
Vous semble sa couleur ?

LE FÂCHEUX
                Monsieur !

CYRANO
                    Sa forme, obscène ?

2. Étrange.

Cyrano de Bergerac 47

LE FÂCHEUX

Mais du tout !...

CYRANO

     Pourquoi donc prendre un air dénigrant[1] ?
– Peut-être que monsieur le trouve un peu trop grand ?

LE FÂCHEUX, *balbutiant.*

Je le trouve petit, tout petit, minuscule !

CYRANO

Hein ? comment ? m'accuser d'un pareil ridicule ?
Petit, mon nez ? Holà !

LE FÂCHEUX

      Ciel !

CYRANO

       Énorme, mon nez !
– Vil camus[2], sot camard, tête plate, apprenez
Que je m'enorgueillis d'un pareil appendice,
Attendu qu'un grand nez est proprement l'indice
D'un homme affable, bon, courtois, spirituel,
Libéral[3], courageux, tel que je suis, et tel
Qu'il vous est interdit à jamais de vous croire,
Déplorable maraud[4] ! car la face sans gloire
Que va chercher ma main en haut de votre col,
Est aussi dénuée[5]...

          Il le soufflette.

LE FÂCHEUX

     Ay !

CYRANO

     De fierté, d'envol,
De lyrisme, de pittoresque, d'étincelle,
De somptuosité, de Nez enfin, que celle...
   Il le retourne par les épaules, joignant le geste à la parole.
Que va chercher ma botte au bas de votre dos !

1. Méprisant.
2. Qui a le nez court et écrasé ; synonyme de *camard.*
3. Généreux.
4. Vaurien.
5. Privée, dépourvue.

LE FÂCHEUX, *se sauvant.*
Au secours ! À la garde !

CYRANO

Avis donc aux badauds[6]
Qui trouveraient plaisant mon milieu de visage,
Et si le plaisantin est noble, mon usage
Est de lui mettre, avant de le laisser s'enfuir,
Par devant, et plus haut, du fer, et non du cuir !

DE GUICHE, *qui est descendu de la scène, avec les marquis.*
Mais à la fin il nous ennuie !

LE VICOMTE DE VALVERT, *haussant les épaules.*
Il fanfaronne !

DE GUICHE
Personne ne va donc lui répondre ?…

LE VICOMTE

Personne ?
Attendez ! Je vais lui lancer un de ces traits !…
310

*Il s'avance vers Cyrano qui l'observe,
et se campant devant lui d'un air fat.*
Vous… vous avez un nez… heu… un nez… très grand.

CYRANO, *gravement.*

Très.

LE VICOMTE, *riant.*
Ha !

CYRANO, *imperturbable.*
C'est tout ?…

LE VICOMTE

Mais…

CYRANO

Ah ! non ! c'est un peu court, jeune homme !
On pouvait dire… Oh ! Dieu !… bien des choses en somme…

? A votre Avis

Qui est Valvert ?

☐ Un cadet d'une autre compagnie.

☐ Un auteur dramatique critiqué par Cyrano.

☐ Le mari que de Guiche veut donner à Roxane.

6. Promeneurs curieux.

En variant le ton, – par exemple, tenez :
Agressif : « Moi, monsieur, si j'avais un tel nez,
Il faudrait sur-le-champ que je me l'amputasse ! »
Amical : « Mais il doit tremper dans votre tasse !
Pour boire, faites-vous fabriquer un hanap[1] ! »
Descriptif : « C'est un roc !… c'est un pic !… c'est un cap !
320 Que dis-je, c'est un cap ?… C'est une péninsule ! »
Curieux : « De quoi sert cette oblongue[2] capsule ?
D'écritoire, monsieur, ou de boîte à ciseaux ? »
Gracieux : « Aimez-vous à ce point les oiseaux
Que paternellement vous vous préoccupâtes
De tendre ce perchoir à leurs petites pattes ? »
Truculent : « Çà, monsieur, lorsque vous pétunez[3],
La vapeur du tabac vous sort-elle du nez
Sans qu'un voisin ne crie au feu de cheminée ? »
Prévenant : « Gardez-vous, votre tête entraînée
330 Par ce poids, de tomber en avant sur le sol ! »
Tendre : « Faites-lui faire un petit parasol
De peur que sa couleur au soleil ne se fane ! »
Pédant : « L'animal seul, monsieur, qu'Aristophane[4]
Appelle Hippocampelephantocamélos[5]
Dut avoir sous le front tant de chair sur tant d'os ! »
Cavalier : « Quoi, l'ami, ce croc[6] est à la mode ?
Pour pendre son chapeau, c'est vraiment très commode ! »
Emphatique : « Aucun vent ne peut, nez magistral,
T'enrhumer tout entier, excepté le mistral ! »
340 Dramatique : « C'est la Mer Rouge quand il saigne ! »
Admiratif : « Pour un parfumeur, quelle enseigne ! »
Lyrique : « Est-ce une conque[7], êtes-vous un triton[8] ? »
Naïf : « Ce monument, quand le visite-t-on ? »
Respectueux : « Souffrez, monsieur, qu'on vous salue,
C'est là ce qui s'appelle avoir pignon sur rue[9] ! »
Campagnard : « Hé, ardé ! C'est-y un nez ? Nanain ![10]
C'est queuqu'navet géant ou ben queuqu'melon nain ! »

1. Grand vase en métal.
2. Allongée.
3. Fumez.
4. Auteur grec de comédies (450-386 av. J.-C.).
5. Animal imaginaire.
6. Crochet.
7. Coquille marine en spirale, de grande taille.
8. Divinité marine de la mythologie antique, soufflant dans des conques.
9. Avoir une situation bien établie.
10. Non !

Militaire : « Pointez contre cavalerie ! »
Pratique : « Voulez-vous le mettre en loterie ?
Assurément, monsieur, ce sera le gros lot ! »
Enfin parodiant Pyrame en un sanglot :
« Le voilà donc ce nez qui des traits de son maître
A détruit l'harmonie ! Il en rougit, le traître ! »
— Voilà ce qu'à peu près, mon cher, vous m'auriez dit
Si vous aviez un peu de lettres[11] et d'esprit :
Mais d'esprit, ô le plus lamentable des êtres,
Vous n'en eûtes jamais un atome, et de lettres
Vous n'avez que les trois qui forment le mot : sot !
Eussiez-vous eu, d'ailleurs, l'invention qu'il faut
Pour pouvoir là, devant ces nobles galeries[12],
Me servir toutes ces folles plaisanteries,
Que vous n'en eussiez pas articulé le quart
De la moitié du commencement d'une, car
Je me les sers moi-même, avec assez de verve,
Mais je ne permets pas qu'un autre me les serve.

DE GUICHE, *voulant emmener le vicomte pétrifié.*
Vicomte, laissez donc !

LE VICOMTE, *suffoqué.*
                              Ces grands airs arrogants !
Un hobereau[13] qui... qui... n'a même pas de gants !
Et qui sort sans rubans, sans bouffettes[14], sans ganses[15] !

CYRANO
Moi, c'est moralement que j'ai mes élégances.
Je ne m'attife[16] pas ainsi qu'un freluquet[17],
Mais je suis plus soigné si je suis moins coquet ;
Je ne sortirais pas avec, par négligence,
Un affront pas très bien lavé, la conscience
Jaune encore de sommeil dans le coin de son œil,
Un honneur chiffonné, des scrupules en deuil.
Mais je marche sans rien sur moi qui ne reluise,

Pyrame et Cyrano

Cyrano parodie une fameuse réplique d'une tragédie de Théophile de Viau, *Pyrame et Thisbé* (1621). En réalité, c'est Thisbé, la fiancée de Pyrame, qui désigne ainsi l'arme avec laquelle son amant s'est suicidé : « Ha ! voici le poignard qui du sang de son maître / S'est souillé lâchement ; il en rougit, le traître ! » ■

360

370

11. De culture.
12. Balcons où sont installés les spectateurs.
13. Petit gentilhomme campagnard.
14. Petits nœuds bouffants.
15. Rubans.
16. M'habille.
17. Jeune homme frivole.

Empanaché d'indépendance et de franchise ;
Ce n'est pas une taille avantageuse, c'est
Mon âme que je cambre ainsi qu'en un corset,
380 Et tout couvert d'exploits qu'en rubans je m'attache,
Retroussant mon esprit ainsi qu'une moustache,
Je fais, en traversant les groupes et les ronds,
Sonner les vérités comme des éperons[1].

LE VICOMTE
Mais, monsieur…

CYRANO
                        Je n'ai pas de gants ?… La belle affaire !
Il m'en restait… un seul d'une très vieille paire !
– Lequel m'était d'ailleurs encor fort importun[2] :
Je l'ai laissé dans la figure de quelqu'un.

LE VICOMTE
Maraud[3], faquin[4], butor[5] de pied plat ridicule.

CYRANO, *ôtant son chapeau et saluant comme si le vicomte venait de se présenter.*
Ah ?… Et moi, Cyrano-Savinien-Hercule
390 De Bergerac.

                                                        Rires.

LE VICOMTE, *exaspéré.*
                        Bouffon !

CYRANO, *poussant un cri comme lorsqu'on est saisi d'une crampe.*
                        Ay !…

LE VICOMTE, *qui remontait, se retournant.*
                                Qu'est-ce encor qu'il dit ?

CYRANO, *avec des grimaces de douleur.*
Il faut la remuer car elle s'engourdit…
– Ce que c'est que de la laisser inoccupée ! –
Ay !…

1. Pièces de métal aux talons des cavaliers, résonnant sur le sol quand ils marchent.
2. Gênant.
3. Vaurien.
4. Racaille.
5. Vaurien, coquin.

Le vicomte

Qu'avez-vous ?

Cyrano

J'ai des fourmis dans mon épée !

Le vicomte, *tirant la sienne.*
Soit !

Cyrano

Je vais vous donner un petit coup charmant.

Le vicomte, *méprisant.*
Poète !...

Cyrano

Oui, monsieur, poète ! et tellement,
Qu'en ferraillant je vais – hop ! – à l'improvisade[6],
Vous composez une ballade.

Le vicomte

Une ballade ?

Cyrano

Vous ne vous doutez pas de ce que c'est, je crois ?

Le vicomte

Mais...

Cyrano, *récitant comme une leçon.*
La ballade, donc, se compose de trois
Couplets de huit vers...

400

Le vicomte, *piétinant.*
Oh !

Cyrano, *continuant.*
Et d'un envoi de quatre...

Le vicomte

Vous...

Cyrano

Je vais tout ensemble en faire une et me battre,
Et vous toucher, monsieur, au dernier vers.

6. En improvisant
(néologisme).

Cyrano de Bergerac **53**

LE VICOMTE

Non !

CYRANO

Non ?

Déclamant.

« Ballade du duel qu'en l'hôtel bourguignon
Monsieur de Bergerac eut avec un bélître[1] ! »

LE VICOMTE

Qu'est-ce que ça, s'il vous plaît ?

CYRANO

C'est le titre.

LA SALLE, *surexcitée au plus haut point.*

Place ! – Très amusant ! – Rangez-vous ! – Pas de bruits !

Tableau. Cercle de curieux au parterre, les marquis et les officiers mêlés aux bourgeois et aux gens du peuple ; les pages grimpés sur des épaules pour mieux voir. Toutes les femmes debout dans les loges. À droite, de Guiche et ses gentilshommes. À gauche, Le Bret, Ragueneau, Cuigy, etc.

CYRANO, *fermant une seconde les yeux.*

Attendez !… je choisis mes rimes… Là, j'y suis.

Il fait ce qu'il dit, à mesure.

Je jette avec grâce mon feutre,
Je fais lentement l'abandon
Du grand manteau qui me calfeutre[2],
Et je tire mon espadon[3] ;
Élégant comme Céladon[4],
Agile comme Scaramouche[5],
Je vous préviens, cher Myrmidon[6],
Qu'à la fin de l'envoi je touche !

Premiers engagements de fer.

Vous auriez bien dû rester neutre ;
Où vais-je vous larder[7], dindon ?…

1. Homme de rien.
2. Protège.
3. Ma grande et large épée.
4. Héros romanesque, type de l'amoureux éperdu.
5. Acteur du Théâtre-Italien à Paris.
6. Fourmi métamorphosée en guerrier dans la mythologie grecque.
7. Transpercer.

410

Dans le flanc, sous votre maheutre[8] ?...
Au cœur, sous votre bleu cordon ?...
– Les coquilles tintent, ding-don !
Ma pointe voltige : une mouche !
Décidément... c'est au bedon,
Qu'à la fin de l'envoi, je touche.

420

Il me manque une rime en eutre...
Vous rompez[9], plus blanc qu'amidon ?
C'est pour me fournir le mot pleutre[10] !
– Tac ! je pare la pointe[11] dont
Vous espériez me faire don, –
J'ouvre la ligne, – je la bouche...
Tiens bien ta broche, Laridon !
À la fin de l'envoi, je touche.

Il annonce solennellement :

ENVOI

Prince, demande à Dieu pardon !
Je quarte[12] du pied, j'escarmouche[13],
Je coupe, je feinte...

Se fendant.

Hé ! là donc

Le vicomte chancelle ; Cyrano salue.

À la fin de l'envoi, je touche.

*Acclamations. Applaudissements dans les loges. Des fleurs
et des mouchoirs tombent. Les officiers entourent et félicitent
Cyrano. Ragueneau danse d'enthousiasme. Le Bret est heureux
et navré. Les amis du vicomte le soutiennent et l'emmènent.*

LA FOULE, *en un long cri.*
Ah !...

UN CHEVAU-LÉGER
Superbe !

UNE FEMME
Joli !

430 **César et Laridon**

Ce sont les noms de deux
chiens dans une fable de
La Fontaine, « L'éducation ».
César symbolise la vie d'aventures et de conquêtes, Laridon, la vie peu glorieuse, pas-
sée dans les cuisines où il est
« tournebroche ». ■

8. Manche rembourrée.
9. Reculez.
10. Lâche.
11. L'attaque.
12. J'esquive (terme
d'escrime).
13. Je mène de petits assauts.

RAGUENEAU

Pharamineux[1] !

UN MARQUIS

Nouveau !…

LE BRET
Insensé !

Bousculade autour de Cyrano. On entend.
…Compliments… Félicite… bravo…

VOIX DE FEMME
C'est un héros !…

UN MOUSQUETAIRE, *s'avançant vivement vers Cyrano, la main tendue.*
Monsieur, voulez-vous me permettre ?…
C'est tout à fait très bien, et je crois m'y connaître ;
440   J'ai du reste exprimé ma joie en trépignant !…

Il s'éloigne.

CYRANO, *à Cuigy.*
Comment s'appelle donc ce monsieur ?

CUIGY

D'Artagnan[2].

LE BRET, *à Cyrano, lui prenant le bras.*
Çà, causons !…

CYRANO

Laisse un peu sortir cette cohue[3]…

À Bellerose.

Je peux rester ?

BELLEROSE, *respectueusement.*
Mais oui !…

On entend des cris au dehors.

JODELET, *qui a regardé.*

C'est Montfleury qu'on hue[4] !

1. Prodigieux.
2. Héros du roman
   d'Alexandre Dumas,
   Les Trois Mousquetaires
   (1844).
3. Foule.
4. Qu'on siffle.

BELLEROSE, *solennellement.*
Sic transit[5] !...

> *Changeant de ton, au portier et au moucheur de chandelles.*
> Balayez. Fermez. N'éteignez pas.

Nous allons revenir, après notre repas,
Répéter pour demain une nouvelle farce.

> *Jodelet et Bellerose sortent, après de grands saluts à Cyrano.*

LE PORTIER, *à Cyrano.*
Vous ne dînez donc pas ?

CYRANO

> Moi ?... Non.

> *Le portier se retire.*

LE BRET, *à Cyrano.*

> Parce que ?

CYRANO, *fièrement.*

> Parce...

> *Changeant de ton, en voyant que le portier est loin.*

Que je n'ai pas d'argent !...

LE BRET, *faisant le geste de lancer un sac.*

> Comment ! le sac d'écus ?...

CYRANO
Pension[6] paternelle, en un jour, tu vécus !

LE BRET
Pour vivre tout un mois, alors ?...

450

CYRANO

> Rien ne me reste.

LE BRET
Jeter ce sac, quelle sottise !

CYRANO

> Mais quel geste !...

LA DISTRIBUTRICE, *toussant derrière son petit comptoir.*
Hum !...

5. Citation de la Bible :
Sic transit gloria mundi,
(« Ainsi passe la gloire
du monde »).
6. Argent donné
régulièrement.

Cyrano et Le Bret se retournent. Elle s'avance intimidée.
Monsieur... Vous savoir jeûner... le cœur me fend...
Montrant le buffet.

J'ai là tout ce qu'il faut...

Avec élan.

Prenez !

CYRANO, *se découvrant.*

Ma chère enfant,
Encor que mon orgueil de Gascon m'interdise
D'accepter de vos doigts la moindre friandise,
J'ai trop peur qu'un refus ne vous soit un chagrin,
Et j'accepterais donc...

Il va au buffet et choisis.
Oh ! peu de chose ! – Un grain
De ce raisin...

Elle veut lui donner la grappe, il cueille un grain.
Un seul !... Ce verre d'eau...

Elle veut y verser du vin, il l'arrête.
limpide !

– Et la moitié d'un macaron !

Il rend l'autre moitié.

LE BRET

Mais c'est stupide !

LA DISTRIBUTRICE
460 Oh ! quelque chose encor !

CYRANO

Oui. La main à baiser.
Il baise, comme la main d'une princesse, la main qu'elle lui tend.

LA DISTRIBUTRICE
Merci, monsieur.

Révérence.

Bonsoir.

Elle sort.

▪ Scène 5

CYRANO, LE BRET, *puis* LE PORTIER.

CYRANO, *à Le Bret.*

Je t'écoute causer.
Il s'installe devant le buffet et rangeant devant lui le macaron.
Dîner !…

… le verre d'eau.

Boisson !…

… le grain de raisin.

Dessert !…

Il s'assied.

Là, je me mets à table !
– Ah !… j'avais une faim, mon cher, épouvantable !

Mangeant.

– Tu disais ?

LE BRET

Que ces fats[1] aux grands airs belliqueux[2]
Te fausseront l'esprit si tu n'écoutes qu'eux !…
Va consulter des gens de bon sens, et t'informe
De l'effet qu'a produit ton algarade[3].

CYRANO, *achevant son macaron.*

Énorme.

LE BRET
Le Cardinal…

CYRANO, *s'épanouissant.*

Il était là, le Cardinal ?

LE BRET
A dû trouver cela…

CYRANO

Mais très original.

1. Prétentieux.
2. Guerriers.
3. Ta querelle brusque.

LE BRET

470 Pourtant…

CYRANO

        C'est un auteur. Il ne peut lui déplaire
Que l'on vienne troubler la pièce d'un confrère.

LE BRET

Tu te mets sur les bras, vraiment, trop d'ennemis !

CYRANO, *attaquant son grain de raisin.*
Combien puis-je, à peu près, ce soir, m'en être mis ?

LE BRET

Quarante-huit. Sans compter les femmes.

CYRANO

                       Voyons, compte !

LE BRET

Montfleury, le bourgeois, de Guiche, le vicomte,
Baro, l'Académie…

CYRANO

            Assez ! tu me ravis !

LE BRET

Mais où te mènera la façon dont tu vis ?
Quel système est le tien ?

CYRANO

                J'errais dans un méandre[1] ;
J'avais trop de partis, trop compliqués, à prendre ;
480 J'ai pris…

LE BRET

        Lequel ?

CYRANO

            Mais le plus simple, de beaucoup.
J'ai décidé d'être admirable, en tout, pour tout !

---

1. Un lieu plein de détours sinueux.

LE BRET, *haussant les épaules.*
Soit ! – Mais enfin, à moi, le motif de ta haine
Pour Montfleury, le vrai, dis-le-moi !

CYRANO, *se levant.*
                                   Ce Silène[2],
Si ventru que son doigt n'atteint pas son nombril,
Pour les femmes encor se croit un doux péril,
Et leur fait, cependant qu'en jouant il bredouille,
Des yeux de carpe avec ses gros yeux de grenouille !...
Et je le hais depuis qu'il se permit, un soir,
De poser son regard, sur celle... Oh ! j'ai cru voir
Glisser sur une fleur une longue limace !

490

LE BRET, *stupéfait.*
Hein ? Comment ? Serait-il possible ?...

CYRANO, *avec un rire amer.*
                              Que j'aimasse ?...
                    Changement de ton et gravement.

J'aime.

LE BRET
        Et peut-on savoir ? Tu ne m'as jamais dit ?...

CYRANO
Qui j'aime ?... Réfléchis, voyons. Il m'interdit
Le rêve d'être aimé même par une laide,
Ce nez qui d'un quart d'heure en tous lieux me précède ;
Alors, moi, j'aime qui ?... Mais cela va de soi !
J'aime – mais c'est forcé ! – la plus belle qui soit !

LE BRET
La plus belle ?...

CYRANO
              Tout simplement, qui soit au monde !
La plus brillante, la plus fine,
                                  Avec accablement.
                    la plus blonde !

2. Génie obèse
de la mythologie grecque,
chantant et toujours ivre.

LE BRET

500 Eh ! mon Dieu, quelle est donc cette femme ?...

CYRANO

Un danger

Mortel sans le vouloir, exquis sans y songer,
Un piège de nature, une rose muscade[1]
Dans laquelle l'amour se tient en embuscade !
Qui connaît son sourire a connu le parfait.
Elle fait de la grâce avec rien, elle fait
Tenir tout le divin dans un geste quelconque,
Et tu ne saurais pas, Vénus, monter en conque,
Ni toi, Diane, marcher dans les grands bois fleuris,
Comme elle monte en chaise et marche dans Paris !...

LE BRET

510 Sapristi ! Je comprends. C'est clair !

CYRANO

C'est diaphane[2].

LE BRET

Magdeleine Robin, ta cousine !

CYRANO

Oui, – Roxane.

LE BRET

Eh bien ! mais c'est au mieux ! Tu l'aimes ? Dis-le-lui !
Tu t'es couvert de gloire à ses yeux aujourd'hui !

CYRANO

Regarde-moi, mon cher, et dis quelle espérance
Pourrait bien me laisser cette protubérance[3] !
Oh ! je ne me fais pas d'illusions ! – Parbleu,
Oui, quelquefois, je m'attendris, dans le soir bleu ;
J'entre en quelque jardin où l'heure se parfume ;
Avec mon pauvre grand diable de nez je hume
520 L'avril, – je suis des yeux, sous un rayon d'argent,

Vénus et Diane

Dans la mythologie antique, Vénus, déesse de l'Amour, est souvent représentée sortant des eaux marines où elle est née, sur une grande coquille ; quant à Diane, déesse de la Chasse, elle est souvent dépeinte parcourant les bois avec ses chiens. ■

1. Variété de rose rouge.
2. Transparent.
3. Excroissance.

Au bras d'un cavalier, quelque femme, en songeant
Que pour marcher, à petits pas, dans de la lune,
Aussi moi j'aimerais au bras en avoir une,
Je m'exalte, j'oublie… et j'aperçois soudain
L'ombre de mon profil sur le mur du jardin !

LE BRET, *ému.*
Mon ami !…

CYRANO

      Mon ami, j'ai de mauvaises heures !
De me sentir si laid, parfois, tout seul…

LE BRET, *vivement, lui prenant la main.*

                 Tu pleures ?

CYRANO
Ah ! non, cela, jamais ! Non, ce serait trop laid,
Si le long de ce nez une larme coulait !
Je ne laisserai pas, tant que j'en serai maître,   530
La divine beauté des larmes se commettre
Avec tant de laideur grossière !… Vois-tu bien,
Les larmes, il n'est rien de plus sublime, rien,
Et je ne voudrais pas qu'excitant la risée[4],
Une seule, par moi, fût ridiculisée !…

LE BRET
Va, ne t'attriste pas ! L'amour n'est que hasard !

CYRANO, *secouant la tête.*
Non ! J'aime Cléopâtre : ai-je l'air d'un César ?
J'adore Bérénice : ai-je l'aspect d'un Tite ?

LE BRET
Mais ton courage ! ton esprit ! – Cette petite
Qui t'offrait là, tantôt, ce modeste repas,   540
Ses yeux, tu l'as bien vu, ne te détestaient pas !

CYRANO, *saisi.*
C'est vrai !

Des couples mythiques

Cyrano fait allusion à deux couples d'amants de l'histoire romaine : César et la reine d'Égypte Cléopâtre, (Ier s. av. J.-C.) ; l'empereur Titus (Tite) et la reine de Palestine Bérénice (fin du Ier s.). ∎

4. Les ricanements.

LE BRET

Hé ! Bien ! alors ?… Mais, Roxane, elle-même,
Toute blême[1] a suivi ton duel !…

CYRANO

Toute blême ?

LE BRET

Son cœur et son esprit déjà sont étonnés !
Ose, et lui parle, afin…

CYRANO

Qu'elle me rie au nez ?
Non ! – C'est la seule chose au monde que je craigne !

LE PORTIER, *introduisant quelqu'un à Cyrano.*
Monsieur, on vous demande…

CYRANO, *voyant la duègne.*

Ah ! mon Dieu ! Sa duègne[2] !

▪ Scène 6

CYRANO, LE BRET, LA DUÈGNE.

LA DUÈGNE, *avec un grand salut.*
De son vaillant cousin on désire savoir
Où l'on peut, en secret, le voir.

CYRANO, *bouleversé.*

Me voir ?

LA DUÈGNE, *avec une révérence.*

Vous voir.

550 – On a des choses à vous dire.

CYRANO

Des ?…

1. Pâle.
2. Gouvernante d'une jeune fille (mot espagnol).

LA DUÈGNE, *nouvelle révérence.*

Des choses !

CYRANO, *chancelant.*
Ah ! mon Dieu !

LA DUÈGNE

L'on ira, demain, aux primes roses[3]
D'aurore, – ouïr[4] la messe à Saint-Roch[5].

CYRANO, *se soutenant sur Le Bret.*

Ah ! mon Dieu !

LA DUÈGNE
En sortant, – où peut-on entrer, causer un peu ?

CYRANO, *affolé.*
Où ?... Je... mais... Ah ! mon Dieu !...

LA DUÈGNE

Dites vite.

CYRANO

Je cherche !...

LA DUÈGNE
Où ?...

CYRANO
Chez... chez... Ragueneau... le pâtissier...

LA DUÈGNE

Il perche[6] ?

CYRANO
Dans la rue – Ah ! mon Dieu, mon Dieu ! – Saint-Honoré !...

LA DUÈGNE, *remontant.*
On ira. Soyez-y. Sept heures.

CYRANO

J'y serai.

La duègne sort.

3. Aux premières lueurs (langage précieux).
4. Entendre.
5. Église près du Louvre.
6. Habite (familier).

■ Scène 7

CYRANO, LE BRET, *puis* LES COMÉDIENS, LES COMÉDIENNES, CUIGY,
BRISSAILLE, LIGNIÈRE, LE PORTIER, LES VIOLONS.

CYRANO, *tombant dans les bras de Le Bret.*
Moi !… D'elle !… Un rendez-vous !…

LE BRET

Eh bien ! tu n'es plus triste ?

CYRANO
Ah ! pour quoi que ce soit, elle sait que j'existe !

LE BRET
560 Maintenant, tu vas être calme ?

CYRANO, *hors de lui.*

Maintenant…
Mais je vais être frénétique et fulminant !
Il me faut une armée entière à déconfire[1] !
J'ai dix cœurs ; j'ai vingt bras ; il ne peut me suffire
De pourfendre[2] des nains…

Il crie à tue-tête.
Il me faut des géants !

*Depuis un moment, sur la scène, au fond, des ombres
de comédiens et de comédiennes s'agitent, chuchotent :
on commence à répéter. Les violons ont repris leur place.*

UNE VOIX, *de la scène.*
Hé ! pst ! là-bas ! Silence ! on répète céans[3] !

CYRANO, *riant.*
Nous partons !

*Il remonte ; par la grande porte du fond ; entrent Cuigy, Brissaille,
plusieurs officiers, qui soutiennent Lignière complètement ivre.*

CUIGY

Cyrano !

1. Anéantir.
2. Frapper violemment.
3. Ici.

CYRANO

Qu'est-ce ?

CUIGY

Une énorme grive[4]

Qu'on t'apporte !

CYRANO, *le reconnaissant.*

Lignière !... Hé, qu'est-ce qui t'arrive ?

CUIGY

Il te cherche !

BRISSAILLE

Il ne peut rentrer chez lui !

CYRANO

Pourquoi ?

LIGNIÈRE, *d'une voix pâteuse, lui montrant un billet tout chiffonné.*
Ce billet m'avertit... cent hommes contre moi...
À cause de... chanson... grand danger me menace...
Porte de Nesle... Il faut, pour rentrer, que j'y passe...
Permets-moi donc d'aller coucher sous... sous ton toit !

CYRANO

Cent hommes, m'as-tu dit ? Tu coucheras chez toi !

LIGNIÈRE, *épouvanté.*
Mais...

CYRANO, *d'une voix terrible, lui montrant la lanterne allumée que le portier balance en écoutant curieusement cette scène.*

Prends cette lanterne !...

Lignière saisit précipitamment la lanterne.

Et marche ! – Je te jure
Que c'est moi qui ferai ce soir ta couverture[5] !...

Aux officiers.

Vous, suivez à distance, et vous serez témoins !

CUIGY

Mais cent hommes !...

? A votre Avis

Pourquoi Lignière est-il menacé ?

☐ Il s'est battu dans un cabaret.

☐ Il s'est moqué d'un puissant seigneur.

☐ Il a séduit une femme mariée.

570

4. Allusion à l'expression *soûl comme une grive.*
5. Qui te mettrai au lit.

CYRANO

Ce soir, il ne m'en faut pas moins !

Les comédiens et les comédiennes, descendus de scène, se sont rapprochés dans leurs divers costumes.

LE BRET

Mais pourquoi protéger…

CYRANO

Voilà Le Bret qui grogne !

LE BRET

Cet ivrogne banal ?…

CYRANO, *frappant sur l'épaule de Lignière.*

Parce que cet ivrogne,

580   Ce tonneau de muscat, ce fût de rossoli[1],
Fit quelque chose un jour de tout à fait joli :
Au sortir d'une messe ayant, selon le rite,
Vu celle qu'il aimait prendre de l'eau bénite,
Lui que l'eau fait sauver, courut au bénitier,
Se pencha sur sa conque[2] et le but tout entier !…

UNE COMÉDIENNE, *en costume de soubrette[3].*

Tiens, c'est gentil, cela !

CYRANO

N'est-ce pas, la soubrette ?

LA COMÉDIENNE, *aux autres.*

Mais pourquoi sont-ils cent contre un pauvre poète ?

CYRANO

Marchons !

Aux officiers.

Et vous, messieurs, en me voyant charger,
Ne me secondez pas[4], quel que soit le danger !

UNE AUTRE COMÉDIENNE, *sautant de la scène.*

590   Oh ! mais moi je vais voir !

1. Alcool de roses et de fleurs d'oranger.
2. La grande coquille marine qui sert de bénitier.
3. Servante.
4. Ne m'aidez pas.

CYRANO

Venez !...

UNE AUTRE, *sautant aussi, à un vieux comédien.*

Viens-tu Cassandre ?...

CYRANO

Venez tous, le Docteur, Isabelle, Léandre[5],
Tous ! Car vous allez joindre, essaim charmant et fol,
La farce italienne à ce drame espagnol,
Et sur son ronflement tintant un bruit fantasque,
L'entourer de grelots comme un tambour de basque !...

TOUTES LES FEMMES, *sautant de joie.*

Bravo ! – Vite, une mante[6] ! – Un capuchon[7] !

JODELET

Allons !

CYRANO, *aux violons.*

Vous nous jouerez un air, messieurs les violons !

> *Les violons se joignent au cortège qui se forme. On s'empare des chandelles allumées de la rampe et on se les distribue. Cela devient une retraite aux flambeaux.*

Bravo ! des officiers, des femmes en costume,
Et vingt pas en avant...

> *Il se place comme il dit.*

Moi, tout seul, sous la plume
Que la gloire elle-même à ce feutre piqua,
Fier comme un Scipion triplement Nasica[8] !...
– C'est compris ? Défendu de me prêter main-forte ! –
On y est ?... Un, deux, trois ! Portier, ouvre la porte !

> *Le portier ouvre à deux battants. Un coin du vieux Paris pittoresque et lunaire paraît.*

Ah !... Paris fuit, nocturne et quasi nébuleux[9] ;
Le clair de lune coule aux pentes des toits bleus ;
Un cadre se prépare, exquis, pour cette scène ;
Là-bas, sous des vapeurs en écharpe, la Seine,

600

5. Personnages de la *commedia dell'arte*.
6. Un manteau de femme, ample et sans manches.
7. Une veste à capuche.
8. « Au nez mince et pointu », surnom d'un membre de la famille romaine des Scipion (IIe siècle av. J.-C.).
9. Vaporeux.

Comme un mystérieux et magique miroir,
Tremble… Et vous allez voir ce que vous allez voir !

TOUS

610   À la porte de Nesle !

CYRANO, *debout sur le seuil.*

                    À la porte de Nesle !
                        Se retournant avant de sortir, à la soubrette.
Ne demandiez-vous pas pourquoi, mademoiselle,
Contre ce seul rimeur cent hommes furent mis ?
                        Il tire l'épée et, tranquillement.
C'est parce qu'on savait qu'il est de mes amis !
                Il sort. Le cortège, – Lignière zigzaguant en tête, –
                puis les comédiennes aux bras des officiers, – puis les
                comédiens gambadant, – se met en marche dans la
                nuit au son des violons, et à la lueur falote[1] *des chandelles.*

1. Faible et tremblante.

RIDEAU

pause lecture 1

Le théâtre se remplit (scènes 1 à 3)

1 Qui est Christian ? Quel renseignement Lignière doit-il lui donner ?

2 Pourquoi Ragueneau est-il venu au théâtre ? VOIR **?** PAGE 27

Un théâtre avant le lever de rideau (scène 1)

3 Faites la liste des personnages qui entrent peu à peu dans la salle de théâtre. Quelle est l'impression créée ?

4 Quelle pièce va être représentée ? Quelle atmosphère Rostand donne-t-il à ce premier acte en situant l'action dans un théâtre ?

Christian apparaît (scène 2)

5 Relisez le début de la scène 2 et expliquez pourquoi Christian s'écrie « Hélas » au vers 129 ?

6 Que veut faire Christian avec Valvert ? Pourquoi part-il avant le spectacle ? Quelle qualité révèle-t-il ainsi ?

Cyrano s'annonce (scènes 2 et 3)

7 Quelles informations sont données sur Cyrano du vers 95 à 120 ? Quelle image du personnage est ainsi créée ?

8 Comment se manifeste la présence de Cyrano avant son entrée en scène ? Quel est l'effet pour le spectateur ?

Une représentation à l'hôtel de Bourgogne

Cyrano entre en scène (scène 4)

1 Quels sont les trois adversaires de Cyrano dans cette scène ?

2 Sur quel sujet Cyrano est-il très susceptible ?

Une série de duels

3 Comment s'enchaînent les différentes querelles entre Cyrano et ses adversaires ?

4 Quelle attitude Cyrano adopte-t-il lors de ces affrontements ?

Un autoportrait

5 Que reproche Cyrano à Montfleury ? à la pièce de Baro ? Quel trait de sa personnalité révèle-t-il ainsi ?

6 Pourquoi Cyrano ne peut-il pas aller dîner ? À qui a-t-il donné son argent ? De quelle qualité fait-il ainsi preuve ?

De la tirade du nez à la ballade de Cyrano

7 Comment la tirade du nez est-elle construite (v. 313 à 365) ? Expliquez l'emploi des guillemets. Quels conseils donneriez-vous à l'acteur qui l'interprète ?

8 Quel est le refrain de la ballade composée par Cyrano ? Qu'est-ce que l'*envoi* ? Que fait Cyrano pendant qu'il la compose ?

La confession de Cyrano (scènes 5 à 7)

1 Qu'est-ce qui met Cyrano « hors de lui », au début de la scène 7 ?

2 La menace contre Lignière surprend-elle ? Quand a-t-elle déjà été évoquée ? VOIR **?** PAGE 67

Un amour sans espoir ?

3 Pourquoi Cyrano n'avoue-t-il pas tout de suite son amour ? Que craint-il ?

4 Relevez et analysez les adjectifs qualificatifs par lesquels Cyrano qualifie Roxane (v. 497 à 509). À qui compare-t-il la jeune femme ? Quel style utilise-t-il ici ?

5 Sur quel ton Cyrano évoque-t-il ses sentiments ? Quelle nouvelle image de lui présente-t-il ? Pourquoi ne veut-il pas reconnaître qu'il pleure (v. 528 à 535) ?

Du rire à la bravoure

6 Quel pronom la duègne répète-t-elle ? À qui renvoie-t-il ? En quoi le personnage de la duègne est-il comique ?

7 Pourquoi Cyrano prend-il la défense de Lignière ? Montrez les similitudes entre les deux hommes.

8 Au vers 593, Cyrano parle de « farce » et de « drame ». Cherchez la définition de ces mots et montrez que l'acte I unit ces deux genres dramatiques.

Du texte à l'image

Observez le décor → voir dossier images p. I

1 Relisez la didascalie au début de l'acte I. Dans quelle mesure ce décor correspond-il aux exigences exprimées par Rostand ? Justifiez votre réponse de façon détaillée.

2 Comparez cette image avec celle de la page 14 : le décorateur a-t-il été fidèle à la réalité historique transcrite par la gravure d'Abraham Bosse ?

3 Quelle gamme de couleurs Jacques Dupont a-t-il privilégiée ? Quelle atmosphère a-t-il recherchée, selon vous ?

Maquette du décor de l'acte I par Jacques Dupont pour la mise en scène de Jacques Charon, Comédie-Française, 1964.

À vous de jouer

Écrivez un pastiche

À la manière de Cyrano parlant de son nez, composez une tirade, en vers ou en prose, sur un défaut physique, réel ou imaginaire.

Rédigez une lettre

Une précieuse qui a assisté à la scène raconte à une amie les exploits de Cyrano à l'Hôtel de Bourgogne. Rédigez cette lettre, en montrant l'évolution des sentiments du public.

La rôtisserie des poètes

La boutique de Ragueneau, rôtisseur-pâtissier, vaste ouvroir[1] au coin de la rue Saint-Honoré et de la rue de l'Arbre-Sec qu'on aperçoit largement au fond, par le vitrage de la porte, grises dans les premières lueurs de l'aube.

À gauche, premier plan, comptoir surmonté d'un dais[2] en fer forgé, auquel sont accrochés des oies, des canards, des paons blancs. Dans de grands vases de faïence de hauts bouquets de fleurs naïves[3], principalement des tournesols jaunes. Du même côté, second plan, immense cheminée devant laquelle, entre de monstrueux chenets, dont chacun supporte une petite marmite, les rôtis pleurent dans les lèchefrites[4].

À droite, premier plan avec porte. Deuxième plan, un escalier montant à une petite salle en soupente, dont on aperçoit l'intérieur par des volets ouverts ; une table y est dressée, un menu[5] lustre flamand y luit : c'est un réduit où l'on va manger et boire. Une galerie de bois, faisant suite à l'escalier, semble mener à d'autres petites salles analogues.

Au milieu de la rôtisserie, un cercle en fer que l'on peut faire descendre avec une corde, et auquel de grosses pièces[6] sont accrochées, fait un lustre de gibier.

Les fours, dans l'ombre, sous l'escalier, rougeoient. Des cuivres étincellent. Des broches tournent. Des pièces montées pyramident. Des jambons pendent. C'est le coup de feu[7] matinal. Bousculade de marmitons[8] effarés, d'énormes cuisiniers et de minuscules gâte-sauces[9]. Foisonnement de bonnets à plume de poulet ou à aile de pintade. On apporte, sur des plaques de tôle et des clayons[10] d'osier, des quinconces de brioches, des villages de petits-fours.

Des tables sont couvertes de gâteaux et de plats. D'autres entourées de chaises, attendent les mangeurs et les buveurs. Une plus petite, dans un coin, disparaît sous les papiers. Ragueneau y est assis au lever du rideau, il écrit.

1. Atelier (mot ancien).
2. Plafond en tissu.
3. Simples, champêtres.
4. Plaques de tôle placées sous la broche pour recevoir le jus des viandes.
5. Petit et mince.
6. Morceaux de viande.
7. Moment d'intense activité.
8. D'apprentis-cuisiniers.
9. Aides-cuisiniers.
10. Petites grilles sur lesquelles on fait égoutter les fromages.

■ Scène 1

RAGUENEAU, PÂTISSIER, *puis* **LISE.**

> *Ragueneau, à la petite table, écrivant d'un air inspiré, et comptant sur ses doigts.*

PREMIER PÂTISSIER, *apportant une pièce montée.*
Fruits en nougat !

DEUXIÈME PÂTISSIER, *apportant un plat.*
Flan !

TROISIÈME PÂTISSIER, *apportant un rôti paré de plumes.*
Paon !

QUATRIÈME PÂTISSIER, *apportant une plaque de gâteaux.*
Roinsoles[1] !

CINQUIÈME PÂTISSIER, *apportant une sorte de terrine.*
Bœuf en daube[2] !

RAGUENEAU, *cessant d'écrire et levant la tête.*
Sur les cuivres, déjà, glisse l'argent de l'aube !
Étouffe en toi le dieu qui chante, Ragueneau !
L'heure du luth[3] viendra, – c'est l'heure du fourneau !
> *Il se lève. – À un cuisinier.*
Vous, veuillez m'allonger cette sauce, elle est courte !

LE CUISINIER
De combien ?

RAGUENEAU
De trois pieds[4].

> *Il passe.*

LE CUISINIER
Hein !

PREMIER PÂTISSIER
La tarte !

1. Gras de cochons grillés.
2. Cuit à l'étouffée.
3. Instrument de musique à cordes, symbole de la poésie.
4. Environ un mètre ! Mais Ragueneau pense au sens poétique du mot qui désigne une syllabe en versification.

Deuxième pâtissier

La tourte !

Ragueneau, *devant la cheminée.*
Ma Muse, éloigne-toi, pour que tes yeux charmants   620
N'aillent pas se rougir au feu de ces sarments[5] !

À un pâtissier, lui montrant des pains.
Vous avez mal placé la fente de ces miches :
Au milieu la césure, – entre les hémistiches !

À un autre, lui montrant un pâté inachevé.
À ce palais de croûte, il faut, vous, mettre un toit…

À un jeune apprenti, qui, assis par terre, embroche des volailles.
Et toi, sur cette broche interminable, toi,
Le modeste poulet et la dinde superbe,
Alterne-les, mon fils, comme le vieux Malherbe[6]
Alternait les grands vers avec les plus petits,
Et fais tourner au feu des strophes de rôtis !

Un autre apprenti, *s'avançant avec un plateau recouvert d'une assiette.*
Maître, en pensant à vous, dans le four, j'ai fait cuire   630
Ceci, qui vous plaira, je l'espère.

Il découvre un plateau, on voit une grande lyre de pâtisserie.

Ragueneau, *ébloui.*

Une lyre !

L'apprenti
En pâte de brioche.

Ragueneau, *ému.*

Avec des fruits confits !

L'apprenti
Et les cordes, voyez, en sucre je les fis.

Ragueneau, *lui donnant de l'argent.*
Va boire à ma santé !

Apercevant Lise qui entre.
Chut ! ma femme ! Circule,

5. Rameaux de vigne
qui brûlent facilement.
6. Poète (1555-1628) qui
contribua à définir
l'esthétique classique.

Et cache cet argent !

À Lise, lui montrant la lyre d'un air gêné.
C'est beau ?

LISE

C'est ridicule !
Elle pose sur le comptoir une pile de sacs en papier.

RAGUENEAU
Des sacs ?… Bon. Merci.

Il les regarde.
Ciel ! Mes livres vénérés !
Les vers de mes amis ! déchirés ! démembrés !
Pour en faire des sacs à mettre des croquantes[1]…
Ah ! vous renouvelez Orphée et les bacchantes !

LISE, *sèchement.*
Eh ! n'ai-je pas le droit d'utiliser vraiment
Ce que laissent ici, pour unique paiement,
Vos méchants écriveurs de lignes inégales !

RAGUENEAU
Fourmi !… n'insulte pas ces divines cigales !

LISE
Avant de fréquenter ces gens-là, mon ami,
Vous ne m'appeliez pas bacchante, – ni fourmi !

RAGUENEAU
Avec des vers, faire cela !

LISE

Pas autre chose.

RAGUENEAU
Que faites-vous, alors, madame, avec la prose ?

Orphée et les bacchantes

Dans la mythologie grecque, Orphée est l'inventeur de la poésie. Inconsolable de la mort de son épouse, Eurydice, il renonce à l'amour des femmes. Pour le punir de son dédain, des bacchantes (prêtresses de Bacchus, le dieu de l'Ivresse) se jettent sur lui et le mettent sauvagement en morceaux. ■

640

1. Biscuits secs aux amandes.

■ Scène 2

Les mêmes, deux enfants *qui viennent d'entrer dans la pâtisserie.*

RAGUENEAU
Vous désirez, petits ?

PREMIER ENFANT
                    Trois pâtés.

RAGUENEAU, *les servant.*
                    Là, bien roux…
Et bien chauds.

DEUXIÈME ENFANT
              S'il vous plaît, enveloppez-les-nous ?

RAGUENEAU, *saisi, à part.*
Hélas ! un de mes sacs !

                                    Aux enfants.

            Que je les enveloppe ?…
        Il prend un sac et au moment d'y mettre les pâtés, il lit.
« Tel Ulysse, le jour qu'il quitta Pénélope… »
Pas celui-ci !…

                        Il le met de côté et en prend un autre.
                        Au moment d'y mettre les pâtés, il lit.
            « Le blond Phœbus² … » Pas celui-là !

                                    Même jeu.

LISE, *impatientée.*
Eh bien ! qu'attendez-vous ?

RAGUENEAU

                Voilà, voilà, voilà !
                Il en prend un troisième et se résigne.
Le sonnet à Philis³ !… mais c'est dur tout de même !

LISE
C'est heureux qu'il se soit décidé !

650

2. Apollon, dieu du Soleil.
3. Nom traditionnel donné à la femme inspirant les vers dans la poésie précieuse.

> *Haussant les épaules.*
>> Nicodème[1] !
>> *Elle monte sur une chaise et se met*
>> *à ranger des plats sur une crédence.*

RAGUENEAU, *profitant de ce qu'elle tourne le dos, rappelle les enfants déjà à la porte.*
Pst !… Petits !… Rendez-moi le sonnet à Philis,
Au lieu de trois pâtés je vous en donne six.

>> *Les enfants lui rendent le sac, prennent vive-*
>> *ment les gâteaux et sortent. Ragueneau, défri-*
>> *pant le papier, se met à lire en déclamant.*
« Philis !… » Sur ce doux nom, une tache de beurre !…
« Philis !… »

>> *Cyrano entre brusquement.*

■ Scène 3

RAGUENEAU, LISE, CYRANO, *puis* **LE MOUSQUETAIRE.**

CYRANO
>> Quelle heure est-il ?

RAGUENEAU, *le saluant avec empressement.*
>>> Six heures.

CYRANO, *avec émotion.*
>>> Dans une heure !
>>> *Il va et vient dans la boutique.*

RAGUENEAU, *le suivant.*
660 Bravo ? J'ai vu…

CYRANO
>> Quoi donc !

RAGUENEAU
>>> Votre combat !…

1. Homme un peu niais.

CYRANO

Lequel ?

RAGUENEAU
Celui de l'hôtel de Bourgogne !

CYRANO, *avec dédain.*

Ah !... Le duel !...

RAGUENEAU, *admiratif.*
Oui, le duel en vers !...

LISE

Il en a plein la bouche !

CYRANO
Allons ! tant mieux !

RAGUENEAU, *se fendant* [2] *avec une broche qu'il a saisie.*
« À la fin de l'envoi, je touche !...
À la fin de l'envoi, je touche !... » Que c'est beau !
Avec un enthousiasme croissant.
« À la fin de l'envoi... »

CYRANO

Quelle heure, Ragueneau ?

RAGUENEAU, *restant fendu pour regarder l'horloge.*
Six heures cinq !... «... Je touche ! »
Il se relève.
... Oh ! faire une ballade !

LISE, *à Cyrano, qui en passant devant son comptoir lui a serré distraitement la main.*
Qu'avez-vous à la main ?

CYRANO

Rien. Une estafilade [3].

RAGUENEAU
Courûtes-vous quelque péril ?

? A votre Avis

Pourquoi Cyrano est-il nerveux ?

☐ Il a peur d'être en retard.
☐ Il redoute ce rendez-vous autant qu'il l'espère.
☐ Il craint que Roxane ne vienne pas.

2. Lançant une jambe en avant, comme un escrimeur qui attaque.
3. Coupure.

CYRANO

Aucun péril.

LISE, *le menaçant du doigt.*
Je crois que vous mentez !

CYRANO

Mon nez remuerait-il ?
670 Il faudrait que ce fût pour un mensonge énorme !

Changeant de ton.

J'attends ici quelqu'un. Si ce n'est pas sous l'orme[1],
Vous nous laisserez seuls.

RAGUENEAU

C'est que je ne peux pas ;
Mes rimeurs[2] vont venir…

LISE, *ironique.*

Pour leur premier repas.

CYRANO
Tu les éloigneras quand je te ferai signe…
L'heure ?

RAGUENEAU

Six heures dix.

CYRANO, *s'asseyant nerveusement à la table de Ragueneau et prenant du papier.*

Une plume ?…

RAGUENEAU, *lui offrant celle qu'il a à son oreille.*

De cygne.

UN MOUSQUETAIRE, *superbement moustachu, entre et d'une voix de stentor.*
Salut !

Lise remonte vivement vers lui.

CYRANO, *se retournant.*
Qu'est-ce ?

1. S'il vient. On disait
« Attendez-moi sous
l'orme » pour donner
un rendez-vous auquel
on n'avait pas l'intention
de venir.
2. Poètes.

RAGUENEAU

Un ami de ma femme. Un guerrier
Terrible, – à ce qu'il dit !...

CYRANO, *reprenant la plume et éloignant du geste Ragueneau.*

Chut !...

Écrire, – plier, –

À lui-même.

Lui donner, – me sauver...

Jetant la plume.

Lâche !... Mais que je meure,
Si j'ose lui parler, lui dire un seul mot...

À Ragueneau.

L'heure ?

RAGUENEAU

Six et quart !...

680

CYRANO, *frappant sa poitrine.*

...un seul mot de tous ceux que j'ai là !
Tandis qu'en écrivant...

Il reprend la plume.

Eh bien ! écrivons-la,
Cette lettre d'amour qu'en moi-même j'ai faite
Et refaite cent fois, de sorte qu'elle est prête,
Et que mettant mon âme à côté du papier,
Je n'ai tout simplement qu'à la recopier.

*Il écrit. – Derrière le vitrage de la porte on voit
s'agiter des silhouettes maigres et hésitantes.*

■ Scène 4

RAGUENEAU, LISE, LE MOUSQUETAIRE, CYRANO, *à la petite table écrivant,*
LES POÈTES, *vêtus de noir, les bas tombants, couverts de boue.*

LISE, *entrant, à Ragueneau.*
Les voici vos crottés !

PREMIER POÈTE, *entrant, à Rageneau.*
                    Confrère !…

DEUXIÈME POÈTE, *de même, lui secouant les mains.*
                              Cher confrère !

TROISIÈME POÈTE
Aigle des pâtissiers !

                                                    Il renifle.

                    Ça sent bon dans votre aire[1].

QUATRIÈME POÈTE
Ô Phœbus-Rôtisseur !

CINQUIÈME POÈTE

                         Apollon[2] maître-queux[3] !…

RAGENEAU, *entouré, embrassé, secoué.*
Comme on est tout de suite à son aise avec eux !…

PREMIER POÈTE
690 Nous fûmes retardés par la foule attroupée
À la porte de Nesle !…

DEUXIÈME POÈTE

                         Ouverts à coups d'épée,
Huit malandrins[4] sanglants illustraient les pavés !

CYRANO, *levant une seconde la tête.*
Huit ?… Tiens, je croyais sept.

                                        Il reprend sa lettre.

RAGENEAU, *à Cyrano.*

                              Est-ce que vous savez

Le héros du combat ?

CYRANO, *négligemment.*

                    Moi ?… Non !

LISE, *au mousquetaire.*

                              Et vous ?

LE MOUSQUETAIRE, *se frisant la moustache.*

                              Peut-être !

1. Nid de l'aigle.
2. Phœbus/Apollon est aussi le dieu de la Lumière et des Arts.
3. Cuisinier.
4. Brigands.

CYRANO, *écrivant, à part, on l'entend murmurer de temps en temps.*
Je vous aime…

PREMIER POÈTE

       Un seul homme, assurait-on, sut mettre
Toute une bande en fuite !…

DEUXIÈME POÈTE

          Oh ! c'était curieux !
Des piques, des bâtons jonchaient le sol !…

CYRANO, *écrivant.*

               … vos yeux…

TROISIÈME POÈTE
On trouvait des chapeaux jusqu'au quai des Orfèvres !

PREMIER POÈTE
Sapristi ! ce dut être féroce…

CYRANO, *même jeu.*

           … vos lèvres…

PREMIER POÈTE
Un terrible géant, l'auteur de ces exploits !   700

CYRANO, *même jeu.*
… Et je m'évanouis de peur quand je vous vois.

DEUXIÈME POÈTE, *happant un gâteau.*
Qu'as-tu rimé de neuf, Ragueneau ?

CYRANO, *même jeu.*

         … qui vous aime…
    Il s'arrête au moment de signer, et se lève,
    mettant sa lettre dans son pourpoint[5].
Pas besoin de signer. Je la donne moi-même.

RAGUENEAU, *au deuxième poète.*
J'ai mis une recette en vers.

TROISIÈME POÈTE, *s'installant près d'un plateau de choux à la crème.*
          Oyons[6] ces vers !

5. La partie du vêtement couvrant la poitrine.
6. Écoutons.

QUATRIÈME POÈTE, *regardant une brioche qu'il a prise.*
Cette brioche a mis son bonnet de travers.

Il la décoiffe d'un coup de dent.

PREMIER POÈTE
Ce pain d'épice suit le rimeur famélique[1],
De ses yeux en amande aux sourcils d'angélique[2] !

Il happe le morceau de pain d'épice.

DEUXIÈME POÈTE
Nous écoutons.

TROISIÈME POÈTE, *serrant légèrement un chou entre ses doigts.*
Ce chou bave sa crème. Il rit.

DEUXIÈME POÈTE, *mordant à même la grande lyre de pâtisserie.*
Pour la première fois la Lyre me nourrit !

RAGUENEAU, *qui s'est préparé à réciter, qui a toussé, assuré son bonnet, pris une pose.*
710 Une recette en vers…

DEUXIÈME POÈTE, *au premier, lui donnant un coup de coude.*
Tu déjeunes ?

PREMIER POÈTE, *au deuxième.*

Tu dînes !

RAGUENEAU
Comment on fait les tartelettes amandines.
Battez, pour qu'ils soient mousseux,
Quelques œufs ;
Incorporez à leur mousse
Un jus de cédrat[3] choisi ;
Versez-y
Un bon lait d'amande douce ;
Mettez de la pâte à flan
Dans le flanc
720 De moules à tartelette ;
D'un doigt preste, abricotez[4]

1. Amaigri par la faim.
2. Fruit confit.
3. Citron doux.
4. Nappez d'un sirop ou d'une gelée de fruit.

Les côtés ;
Versez goutte à gouttelette
Votre mousse en ces puits, puis
Que ces puits
Passent au four, et, blondines,
Sortant en gais troupelets[5],
Ce sont les
Tartelettes amandines !

LES POÈTES, *la bouche pleine.*
Exquis ! Délicieux !

UN POÈTE, *s'étouffant.*

Homph !
Ils remontent vers le fond, en mangeant.
Cyrano qui a observé s'avance vers Ragueneau.

CYRANO

Bercés par ta voix,
Ne vois-tu pas comme ils s'empiffrent ?

RAGUENEAU, *plus bas, avec un sourire.*

Je le vois…
Sans regarder, de peur que cela ne les trouble ;
Et dire ainsi mes vers me donne un plaisir double,
Puisque je satisfais un doux faible que j'ai
Tout en laissant manger ceux qui n'ont pas mangé !

CYRANO, *lui frappant sur l'épaule.*
Toi tu me plais !…

Ragueneau va rejoindre ses amis. Cyrano
le suit des yeux, puis, un peu brusquement.
Hé là, Lise ?

Lise, en conversation tendre avec le mous-
quetaire, tressaille et descend vers Cyrano.
Ce capitaine…

5. Petits troupeaux.

Vous assiège ?

Mots-valises

On nomme *mots-valises* des créations verbales formées de deux radicaux dont le rapprochement permet de donner un nom à un nouvel objet. Exemple : un *progiciel*, fabriqué à partir des mots *produit* et *logiciel*. Ici, Cyrano marie les mots *cocu* et *ridiculiser* (v. 741) pour interdire à Lise d'humilier en public son époux en le trompant ouvertement. ■

LISE, *offensée.*

Oh ! mes yeux, d'une œillade[1] hautaine,
Savent vaincre quiconque attaque mes vertus.

CYRANO

Euh ! pour des yeux vainqueurs, je les trouve battus[2].

LISE, *suffoquée.*
Mais…

CYRANO, *nettement.*

Ragueneau me plaît. C'est pourquoi, dame Lise,
Je défends que quelqu'un le ridicoculise.

LISE
Mais…

CYRANO, *qui a élevé la voix assez pour être entendu du galant.*
À bon entendeur…

*Il salue le mousquetaire, et va se mettre en observa-
tion, à la porte du fond, après avoir regardé l'horloge.*

LISE, *au mousquetaire qui a simplement rendu son salut à Cyrano.*
Vraiment, vous m'étonnez !…

Répondez… sur son nez…

LE MOUSQUETAIRE

Sur son nez… sur son nez…
Il s'éloigne vivement, Lise le suit.

CYRANO, *de la porte du fond, faisant signe à Ragueneau d'emmener
les poètes.*
Pst !…

RAGUENEAU, *montrant aux poètes la porte de droite.*
Nous serons bien mieux par là…

CYRANO, *s'impatientant.*

Pst ! pst !…

RAGUENEAU, *les entraînant.*

Pour lire
Des vers…

1. Regard.
2. Jeu de mots sur l'expression *avoir les yeux battus* : avoir les yeux fatigués.

PREMIER POÈTE, *désespéré, la bouche pleine.*
Mais les gâteaux !…

DEUXIÈME POÈTE

Emportons-les !
*Ils sortent tous derrière Ragueneau, processionnel-
lement[3], et après avoir fait une rafle de plateaux.*

■ Scène 5

CYRANO, ROXANE, LA DUÈGNE.

CYRANO

Je tire
Ma lettre si je sens seulement qu'il y a
Le moindre espoir !…

*Roxane, masquée, suivie de la duègne, paraît
derrière le vitrage. Il ouvre vivement la porte.*
Entrez !…

Marchant sur la duègne.
Vous, deux mots, duègna !

LA DUÈGNE
Quatre.

CYRANO

Êtes-vous gourmande ?

LA DUÈGNE

À m'en rendre malade.

CYRANO, *prenant vivement des sacs de papier sur le comptoir.*
Bon. Voici deux sonnets de monsieur Benserade…

LA DUÈGNE, *piteuse[4].*
Heu !…

CYRANO

… que je vous remplis de darioles[5].

3. En cortège.
4. Confuse.
5. Flans légers au beurre
et aux œufs.

750

Des poètes à la mode

Isaac Benserade (1612-1691) fut un poète et un tragédien à la mode dans les cercles précieux. **Marc-Antoine de Saint-Amant** (1594-1661) célébra les plaisirs de la vie dans des vers familiers. Quant à **Jean Chapelain** (1596-1674), il fut l'un des fondateurs de l'Académie française. ■

LA DUÈGNE, *changeant de figure.*

Hou !

CYRANO
Aimez-vous le gâteau qu'on nomme petit chou ?

LA DUÈGNE, *avec dignité.*
Monsieur, j'en fais état[1], lorsqu'il est à la crème.

CYRANO
J'en plonge six pour vous dans le sein d'un poème
De Saint-Amant ! Et dans ces vers de Chapelain
Je dépose un fragment, moins lourd, de poupelin[2].
– Ah ! Vous aimez les gâteaux frais ?

LA DUÈGNE

J'en suis férue[3] !

CYRANO, *lui chargeant les bras de sacs remplis.*
Veuillez aller manger tous ceux-ci dans la rue.

LA DUÈGNE
Mais…

CYRANO, *la poussant dehors.*
Et ne revenez qu'après avoir fini !
Il referme la porte, redescend vers Roxane, et s'arrête, découvert, à une distance respectueuse.

■ Scène 6

CYRANO, ROXANE, LA DUÈGNE, *un instant.*

CYRANO
Que l'instant entre tous les instants soit béni,
Où, cessant d'oublier qu'humblement je respire,
Vous venez jusqu'ici pour me dire… me dire ?…

1. Je l'apprécie.
2. Gâteau cuit au four et trempé tout chaud dans du beurre fondu.
3. Passionnée.

760

ROXANE, *qui s'est démasquée.*
Mais tout d'abord merci, car ce drôle, ce fat[4]
Qu'au brave jeu d'épée, hier, vous avez fait mat[5],
C'est lui qu'un grand seigneur… épris de moi…

CYRANO

De Guiche ?

ROXANE, *baissant les yeux.*
Cherchait à m'imposer… comme mari…

CYRANO

Postiche ?

Saluant.

Je me suis donc battu, madame, et c'est tant mieux,
Non pour mon vilain nez, mais bien pour vos beaux yeux.

ROXANE
Puis… je voulais… Mais pour l'aveu que je viens faire,
Il faut que je revoie en vous le… presque frère,
Avec qui je jouais, dans le parc – près du lac !…

CYRANO
Oui… Vous veniez tous les étés à Bergerac !…

ROXANE
Les roseaux fournissaient le bois pour vos épées…

CYRANO
Et les maïs, les cheveux blonds pour vos poupées !

ROXANE
C'était le temps des jeux…

CYRANO

Des mûrons aigrelets[6]…

ROXANE
Le temps où vous faisiez tout ce que je voulais !…

CYRANO
Roxane, en jupons courts, s'appelait Magdeleine…

770 **?** **A votre Avis**

Comment Cyrano et Roxane se connaissent-ils ?

☐ Ils sont cousins.
☐ Leurs familles étaient voisines.
☐ Ils allaient à la même école.

4. Vaniteux.
5. Vous avez battu.
6. Des mûres acidulées.

ROXANE

J'étais jolie, alors ?

CYRANO

Vous n'étiez pas vilaine.

ROXANE

Parfois, la main en sang de quelque grimpement[1],
Vous accouriez ! – Alors, jouant à la maman,
780 Je disais d'une voix qui tâchait d'être dure :

Elle lui prend la main.

« Qu'est-ce que c'est encore que cette égratignure ? »

Elle s'arrête stupéfaite.

Oh ! C'est trop fort ! Et celle-ci !

Cyrano veut retirer sa main.

Non ! montrez-la !

Hein ? à votre âge, encor ! – Où t'es-tu fait cela ?

CYRANO

En jouant, du côté de la porte de Nesle.

ROXANE, *s'asseyant à une table, et trempant son mouchoir dans un verre d'eau.*

Donnez !

CYRANO, *s'asseyant aussi.*

Si gentiment ! Si gaiement maternelle !

ROXANE

Et, dites-moi, – pendant que j'ôte un peu le sang, –
Ils étaient contre vous ?

CYRANO

Oh ! pas tout à fait cent.

ROXANE

Racontez !

CYRANO

Non. Laissez. Mais vous, dites la chose
Que vous n'osiez tantôt me dire…

1. Escalade.

ROXANE, *sans quitter sa main.*

À présent j'ose,

Car le passé m'encouragea de son parfum !   790
Oui, j'ose maintenant. Voilà. J'aime quelqu'un.

CYRANO

Ah !…

ROXANE

Qui ne le sait pas d'ailleurs.

CYRANO

Ah !…

ROXANE

Pas encore.

CYRANO

Ah !…

ROXANE

Mais qui va bientôt le savoir, s'il l'ignore.

CYRANO

Ah !…

ROXANE

Un pauvre garçon qui jusqu'ici m'aima
Timidement, de loin, sans oser le dire…

CYRANO

Ah !…

ROXANE

Laissez-moi votre main, voyons, elle a la fièvre. –
Mais moi, j'ai vu trembler les aveux sur sa lèvre.

CYRANO

Ah !…

ROXANE, *achevant de lui faire un petit bandage avec son mouchoir.*

Et figurez-vous, tenez, que, justement
Oui, mon cousin, il sert dans votre régiment !

CYRANO

800 Ah !…

ROXANE, *riant.*

Puisqu'il est cadet dans votre compagnie !

CYRANO

Ah !…

ROXANE

Il a sur son front de l'esprit, du génie,
Il est fier, noble, jeune, intrépide, beau…

CYRANO, *se levant tout pâle.*

Beau !

ROXANE

Quoi ? Qu'avez-vous ?

CYRANO

Moi, rien… C'est… c'est…
Il montre sa main, avec un sourire.
C'est ce bobo.

ROXANE

Enfin, je l'aime. Il faut d'ailleurs que je vous die[1]
Que je ne l'ai jamais vu qu'à la Comédie…

CYRANO

Vous ne vous êtes donc pas parlé ?

ROXANE

Nos yeux seuls.

CYRANO

Mais comment savez-vous, alors ?

ROXANE

Sous les tilleuls
De la place Royale[2], on cause… Des bavardes
M'ont renseignée…

CYRANO

Il est cadet[3] ?

1. Que je vous dise.
2. Actuelle place des Vosges (voir encart, p. 101).
3. Gentilhomme apprenant le métier des armes.

Photo du film *Cyrano de Bergerac*, réalisé par Jean-Paul Rappeneau,
avec Anne Brochet (Roxane) et Gérard Depardieu (Cyrano), 1990.

ROXANE

Cadet aux gardes.

CYRANO

810 Son nom ?

ROXANE

Baron Christian de Neuvillette.

CYRANO

Hein ?...

Il n'est pas aux cadets.

ROXANE

Si, depuis ce matin :
Capitaine Carbon de Castel-Jaloux.

CYRANO

Vite,
Vite, on lance son cœur !... Mais ma pauvre petite...

LA DUÈGNE, *ouvrant la porte du fond.*
J'ai fini les gâteaux, monsieur de Bergerac !

CYRANO
Eh bien ! lisez les vers imprimés sur le sac !

La duègne disparaît.
... Ma pauvre enfant, vous qui n'aimez que beau langage,
Bel esprit, – si c'était un profane[1], un sauvage.

ROXANE
Non, il a les cheveux d'un héros de d'Urfé[2] !

CYRANO
S'il était aussi maldisant[3] que bien coiffé !

ROXANE
820 Non, tous les mots qu'il dit sont fins, je le devine !

CYRANO
Oui, tous les mots sont fins quand la moustache est fine.
– Mais si c'était un sot !...

1. Ignorant.
2. Auteur de *L'Astrée* (1607-1627), roman-fleuve héroïque et sentimental, au succès énorme.
3. Maladroit en paroles.

ROXANE, *frappant du pied.*

                    Eh bien ! j'en mourrais, là !

CYRANO, *après un temps.*

Vous m'avez fait venir pour me dire cela ?
Je n'en sens pas très bien l'utilité, madame.

ROXANE

Ah, c'est que quelqu'un hier m'a mis la mort dans l'âme,
En me disant que tous, vous êtes tous Gascons
Dans votre compagnie…

CYRANO

                 Et que nous provoquons
Tous les blancs-becs[4] qui, par faveur, se font admettre
Parmi les purs Gascons que nous sommes, sans l'être ?
C'est ce qu'on vous a dit ?

830

ROXANE

                 Et vous pensez si j'ai
Tremblé pour lui !

CYRANO, *entre ses dents.*

           Non sans raison !

ROXANE

              Mais j'ai songé
Lorsque invincible et grand, hier, vous nous apparûtes,
Châtiant[5] ce coquin, tenant tête à ces brutes, –
J'ai songé : s'il voulait, lui que tous ils craindront…

CYRANO

C'est bien, je défendrai votre petit baron.

ROXANE

Oh, n'est-ce pas que vous allez me le défendre ?
J'ai toujours eu pour vous une amitié si tendre.

CYRANO

Oui, oui.

4. Jeunes gens
   sans expérience
   et sûrs d'eux-mêmes.
5. Punissant.

ROXANE

Vous serez son ami ?

CYRANO

Je le serai.

ROXANE

Et jamais il n'aura de duel ?

CYRANO

C'est juré.

ROXANE

840   Oh ! je vous aime bien. Il faut que je m'en aille.

Elle remet vivement son masque, une dentelle sur son front, et, distraitement.

Mais vous ne m'avez pas raconté la bataille
De cette nuit. Vraiment ce dut être inouï !...
– Dites-lui qu'il m'écrive.

Elle lui envoie un petit baiser de la main.

Oh ! je vous aime !

CYRANO

Oui, oui.

ROXANE

Cent hommes contre vous ? Allons, adieu. – Nous sommes
De grands amis !

CYRANO

Oui, oui.

ROXANE

Qu'il m'écrive ! – Cent hommes ! –
Vous me direz plus tard. Maintenant je ne puis.
Cent hommes ! Quel courage !

CYRANO, *la saluant.*

Oh ! j'ai fait mieux depuis.

Elle sort. Cyrano reste immobile, les yeux à terre. Un silence. La porte de droite s'ouvre. Ragueneau passe la tête.

■ Scène 7

CYRANO, RAGUENEAU, LES POÈTES, CARBON DE CASTEL-JALOUX,
LES CADETS, LA FOULE, *etc., puis* DE GUICHE.

RAGUENEAU
Peut-on rentrer ?

CYRANO, *sans bouger.*

        Oui…

        *Ragueneau fait signe et ses amis rentrent. En
        même temps, à la porte du fond paraît Carbon de
        Castel-Jaloux, costume de capitaine aux gardes,
        qui fait de grands gestes en apercevant Cyrano.*

CARBON DE CASTEL-JALOUX

        Le voilà !

CYRANO, *levant la tête.*

            Mon capitaine…

CARBON, *exultant.*
Notre héros ! Nous savons tout ! Une trentaine
De mes cadets sont là !…

CYRANO, *reculant.*

          Mais…

CARBON, *voulant l'entraîner.*

            Viens ! on veut te voir !

CYRANO
Non !

CARBON

    Ils boivent en face, à *la Croix du Trahoir*[1].

CYRANO
Je…

CARBON, *remontant à la porte, et criant à la cantonade*[2]*, d'une voix
de tonnerre.*

    Le héros refuse. Il est d'humeur bourrue[3] !

850

1. Nom d'un cabaret.
2. Pour tout le monde.
3. Désagréable.

Cyrano de Bergerac   **99**

UNE VOIX, *au dehors.*
Ah ! Sandious !
> *Tumulte au dehors, bruits d'épées et de bottes qui se rapprochent.*

CARBON, *se frottant les mains.*
> Les voici qui traversent la rue !...

LES CADETS, *entrant dans la rôtisserie.*
Mille dious ! – Capdedious ! – Mordious ! – Pocapdedious[1] !

RAGUENEAU, *reculant épouvanté.*
Messieurs, vous êtes donc tous de la Gascogne !

LES CADETS
> Tous !

UN CADET, *à Cyrano.*
Bravo !

CYRANO
> Baron !

UN AUTRE, *lui secouant les mains.*
> Vivat !

CYRANO
> Baron !

TROISIÈME CADET
> Que je t'embrasse !

CYRANO
Baron !...

PLUSIEURS GASCONS
> Embrassons-le !

CYRANO, *ne sachant auquel répondre.*
> Baron... baron... de grâce...

RAGUENEAU
Vous êtes tous barons, messieurs ?

LES CADETS
> Tous ?

---

1. Série de jurons gascons, réels ou inventés par Rostand.

RAGUENEAU

Le sont-ils ?...

PREMIER CADET
On ferait une tour rien qu'avec nos tortils[2] !

LE BRET, *entrant, et courant à Cyrano.*
On te cherche ! Une foule en délire conduite
Par ceux qui cette nuit marchèrent à ta suite... 860

CYRANO, *épouvanté.*
Tu ne leur as pas dit où je me trouve ?...

LE BRET, *se frottant les mains.*

Si !

UN BOURGEOIS, *entrant suivi d'un groupe.*
Monsieur, tout le Marais se fait porter ici !
                    Au dehors la rue s'est remplie de monde. Des
                    chaises à porteurs, des carrosses s'arrêtent.

LE BRET, *bas, souriant, à Cyrano.*
Et Roxane ?

CYRANO, *vivement.*
          Tais-toi !

LA FOULE, *criant dehors.*
                    Cyrano !...
                    Une cohue[3] se précipite dans la
                    pâtisserie. Bousculade. Acclamations.

RAGUENEAU, *debout sur une table.*
                         Ma boutique
Est envahie ! On casse tout ! C'est magnifique !

DES GENS, *autour de Cyrano.*
Mon ami... mon ami...

CYRANO
                    Je n'avais pas hier
Tant d'amis !...

Le Marais

À l'est du quartier de Ragueneau, le Marais est un secteur du centre de Paris riche en nobles demeures. Au XVIIe siècle, beaucoup de ses hôtels particuliers abritaient les salons des précieuses. Bordant le Marais, la place Royale était aussi un lieu de promenade mondaine et galante (v. 808, p. 94). ■

2. Rubans entortillés autour d'une couronne sur les armoiries d'un baron.
3. Foule.

LE BRET, *ravi.*

Le succès !

UN PETIT MARQUIS, *accourant, les mains tendues.*

Si tu savais, mon cher…

CYRANO

Si tu ?… Tu ?… Qu'est-ce donc qu'ensemble nous gardâmes[1] ?

UN AUTRE

Je veux vous présenter, Monsieur, à quelques dames

870 Qui là, dans mon carrosse…

CYRANO, *froidement.*

Et vous d'abord, à moi,

Qui vous présentera ?

LE BRET, *stupéfait.*

Mais qu'as-tu donc ?

CYRANO

Tais-toi !

UN HOMME DE LETTRES, *avec une écritoire[2].*

Puis-je avoir des détails sur ?…

CYRANO

Non.

LE BRET, *lui poussant le coude.*

C'est Théophraste

Renaudot ! l'inventeur de la gazette.

CYRANO

Baste !

LE BRET

Cette feuille où l'on fait tant de choses tenir !

On dit que cette idée a beaucoup d'avenir !

LE POÈTE, *s'avançant.*

Monsieur…

Renaudot

Médecin et secrétaire de Louis XIII, Théophraste Renaudot (1586-1653) créa le 30 mai 1631 le premier journal français, *La Gazette*. Richelieu et le roi lui-même y collaboraient régulièrement, lui fournissant les nouvelles militaires et diplomatiques, et y rédigeant, à l'occasion, des articles de leur main. ■

1. Allusion à l'expression familière : « Nous n'avons pas gardé les cochons ensemble ! »
2. Petite boîte contenant tout ce qu'il faut pour écrire (plumes, encre…).

ACTE II, 7

CYRANO

Encor !

LE POÈTE

Je veux faire un pentacrostiche[3]
Sur votre nom…

QUELQU'UN, *s'avançant encore.*

Monsieur…

CYRANO

Assez !

Mouvement. On se range. De Guiche paraît escorté d'officiers. Cuigy, Brissaille, les officiers qui sont partis avec Cyrano à la fin du premier acte. Cuigy vient vivement à Cyrano.

CUIGY, *à Cyrano.*

Monsieur de Guiche !

Murmure. Tout le monde se range.

Vient de la part du maréchal de Gassion !

DE GUICHE, *saluant Cyrano.*

… Qui tient à vous mander[4] son admiration
Pour le nouvel exploit dont le bruit vient de courre[5].

LA FOULE

Bravo !…

CYRANO, *s'inclinant.*

Le maréchal s'y connaît en bravoure.

DE GUICHE

Il n'aurait jamais cru le fait si ces messieurs
N'avaient pu lui jurer l'avoir vu.

CUIGY

De nos yeux.

LE BRET, *bas à Cyrano, qui a l'air absent.*

Mais…

CYRANO

Tais-toi !

880

3. Quintuple acrostiche (poème où les initiales de chaque vers, lues verticalement, composent un nom).
4. Faire connaître.
5. Courir (forme vieillie).

LE BRET

Tu parais souffrir !

CYRANO, *tressaillant et se redressant vivement.*

Devant ce monde ?…

Sa moustache se hérisse ; il poitrine [1].

Moi souffrir ?… Tu vas voir !

DE GUICHE, *auquel Cuigy a parlé à l'oreille.*

Votre carrière abonde [2]
De beaux exploits, déjà. – Vous servez chez ces fous
De Gascons, n'est-ce pas ?

CYRANO

Aux cadets, oui.

UN CADET, *d'une voix terrible.*

Chez nous !

DE GUICHE, *regardant les Gascons, rangés derrière Cyrano.*
Ah ! ah !… Tous ces messieurs à la mine hautaine [3],
Ce sont donc les fameux ?…

CARBON DE CASTEL-JALOUX

Cyrano !

CYRANO

Capitaine ?

CARBON
890 Puisque ma compagnie est, je crois, au complet,
Veuillez la présenter au comte, s'il vous plaît.

CYRANO, *faisant deux pas vers de Guiche, et montrant les cadets.*
Ce sont les cadets de Gascogne
De Carbon de Castel-Jaloux ;
Bretteurs et menteurs sans vergogne [4],
Ce sont les cadets de Gascogne !
Parlant blason [5], lambel [6], bastogne [7],
Tous plus nobles que des filous,
Ce sont les cadets de Gascogne
De Carbon de Castel-Jaloux :

---

1. Il gonfle la poitrine (néologisme).
2. Est pleine.
3. Orgueilleuse.
4. Sans honte.
5. Ensemble des emblèmes (armoiries) d'une famille noble figurant sur un bouclier.
6. Filet horizontal sur la partie supérieure du bouclier.
7. Bande diagonale sur le bouclier.

Œil d'aigle, jambe de cigogne,
Moustache de chat, dents de loups,
Fendant la canaille qui grogne,
Œil d'aigle, jambe de cigogne,
Ils vont, – coiffés d'un vieux vigogne[8]
Dont la plume cache les trous ! –
Œil d'aigle, jambe de cigogne,
Moustache de chat, dents de loups !

Perce-Bedaine et Casse-Trogne
Sont leurs sobriquets[9] les plus doux ;
De gloire, leur âme est ivrogne !
Perce-Bedaine et Casse-Trogne,
Dans tous les endroits où l'on cogne
Ils se donnent des rendez-vous…
Perce-Bedaine et Casse-Trogne
Sont leurs sobriquets les plus doux !

Voici les cadets de Gascogne
Qui font cocus tous les jaloux !
Ô femme, adorable carogne[10],
Voici les cadets de Gascogne !
Que le vieil époux se renfrogne[11] :
Sonnez, clairons ! chantez, coucous !
Voici les cadets de Gascogne
Qui font cocus tous les jaloux !

DE GUICHE, *nonchalamment assis dans un fauteuil que Ragueneau
a vite apporté.*
Un poète est un luxe, aujourd'hui, qu'on se donne.
– Voulez-vous être à moi ?

CYRANO

Non, Monsieur, à personne.

DE GUICHE
Votre verve[12] amusa mon oncle Richelieu,
Hier. Je veux vous servir auprès de lui.

8. Chapeau de tissu léger
   en laine.
9. Surnoms moqueurs.
10. Femme débauchée
    et ivrogne.
11. Fasse la grimace.
12. Esprit fantaisiste
    et brillant.

LE BRET, *ébloui.*

Grand Dieu !

DE GUICHE
Vous avez bien rimé cinq actes, j'imagine ?

LE BRET, *à l'oreille de Cyrano.*
Tu vas faire jouer, mon cher, ton *Agrippine*[1] !

DE GUICHE
930   Portez-les-lui.

CYRANO, *tenté et un peu charmé.*
Vraiment…

DE GUICHE
Il est des plus experts.
Il vous corrigera seulement quelques vers…

CYRANO, *dont le visage s'est immédiatement rembruni*[2].
Impossible, Monsieur ; mon sang se coagule
En pensant qu'on y peut changer une virgule.

DE GUICHE
Mais quand un vers lui plaît, en revanche, mon cher,
Il le paye très cher.

CYRANO
Il le paye moins cher
Que moi, lorsque j'ai fait un vers, et que je l'aime,
Je me le paye, en me le chantant à moi-même !

DE GUICHE
Vous êtes fier.

CYRANO
Vraiment, vous l'avez remarqué ?

UN CADET, *entrant avec, enfilés à son épée, des chapeaux aux plumets miteux, aux coiffes trouées, défoncées.*
Regarde, Cyrano ! ce matin, sur le quai,
940   Le bizarre gibier à plumes que nous prîmes !
Les feutres des fuyards !…

1. *La Mort d'Agrippine*, tragédie de Cyrano, fit scandale à sa création en 1653. Agrippine fut assassinée par son fils, l'empereur romain Néron.
2. Assombri.

CARBON

Des dépouilles opimes[3] !

TOUT LE MONDE, *riant.*
Ah ! Ah ! Ah !

CUIGY

Celui qui posta ces gueux, ma foi,
Doit rager aujourd'hui.

BRISSAILLE

Sait-on qui c'est ?

DE GUICHE

C'est moi.
Les rires s'arrêtent.
Je les avais chargés de châtier, – besogne
Qu'on ne fait pas soi-même, – un rimailleur[4] ivrogne.
Silence gêné.

LE CADET, *à mi-voix, à Cyrano, lui montrant les feutres.*
Que faut-il qu'on en fasse ? Ils sont gras… Un salmis[5] ?

CYRANO, *prenant l'épée où ils sont enfilés, et les faisant, dans un salut, tous glisser aux pieds de de Guiche.*
Monsieur, si vous voulez les rendre à vos amis ?

DE GUICHE, *se levant et d'une voix brève.*
Ma chaise et mes porteurs, tout de suite : je monte.
À Cyrano, violemment.

Vous, Monsieur !…

UNE VOIX, *dans la rue, criant.*
Les porteurs de monseigneur le comte
De Guiche !

DE GUICHE, *qui s'est dominé, avec un sourire.*
… Avez-vous lu *Don Quichot* ?

CYRANO

Je l'ai lu.
Et me découvre au nom de cet hurluberlu.

950

3. Riches butins ramassés sur le champ de bataille.
4. Mauvais poète.
5. Gibier rôti servi en sauce.

DE GUICHE
Veuillez donc méditer alors…

UN PORTEUR, *paraissant au fond.*

Voici la chaise.

DE GUICHE
Sur le chapitre des moulins !

CYRANO, *saluant.*

Chapitre treize.

DE GUICHE
Car lorsqu'on les attaque, il arrive souvent…

CYRANO
J'attaque donc des gens qui tournent à tout vent ?

DE GUICHE
Qu'un moulinet de leurs grands bras chargés de toiles
Vous lance dans la boue !…

CYRANO

Ou bien dans les étoiles !
De Guiche sort. On le voit remonter en chaise. Les seigneurs s'éloignent en chuchotant. Le Bret les réaccompagne. La foule sort.

■ Scène 8

CYRANO, LE BRET, LES CADETS, *qui se sont attablés à droite et à gauche, et auxquels on sert à boire et à manger.*

CYRANO, *saluant d'un air goguenard*[1] *ceux qui sortent sans oser le saluer.*
Messieurs… Messieurs… Messieurs…

LE BRET, *désolé, redescendant, les bras au ciel.*

Ah ! dans quels jolis draps…

1. Moqueur.

CYRANO

Oh ! toi ! tu vas grogner !

LE BRET

                    Enfin, tu conviendras
Qu'assassiner toujours la chance passagère,
Devient exagéré.

CYRANO

              Hé bien oui, j'exagère !

LE BRET, *triomphant.*

Ah !

CYRANO

     Mais pour le principe, et pour l'exemple aussi,
Je trouve qu'il est bon d'exagérer ainsi.

LE BRET

Si tu laissais un peu ton âme mousquetaire,
La fortune et la gloire…

CYRANO

                 Et que faudrait-il faire ?
Chercher un protecteur puissant, prendre un patron,
Et comme un lierre obscur qui circonvient[2] un tronc
Et s'en fait un tuteur en lui léchant l'écorce,
Grimper par ruse au lieu de s'élever par force ?
Non, merci. Dédier, comme tous ils le font,
Des vers aux financiers ? se changer en bouffon[3]
Dans l'espoir vil[4] de voir, aux lèvres d'un ministre,
Naître un sourire, enfin, qui ne soit pas sinistre ?
Non, merci. Déjeuner, chaque jour, d'un crapaud ?
Avoir un ventre usé par la marche ? une peau
Qui plus vite, à l'endroit des genoux, devient sale ?
Exécuter des tours de souplesse dorsale[5] ?…
Non, merci. D'une main flatter la chèvre au cou
Cependant que, de l'autre, on arrose le chou[6],

ACTE II, 8

Cyrano
et d'Artagnan

960

Les mousquetaires symbolisent un état d'esprit et un comportement héroïques, insolents, comme le montre la transformation du nom en adjectif (v. 964). À l'acte I (sc. 4, v. 438-444), Rostand a déjà fait se croiser Cyrano avec d'Artagnan, héros des *Trois Mousquetaires* d'Alexandre Dumas. ■

970

2. Entoure.
3. Clown.
4. Honteux.
5. Avoir le dos souple…
   à force de courbettes.
6. Allusion à l'expression :
   ménager la chèvre
   et le chou (flatter les deux
   camps pour éviter
   de prendre parti).

1. Petit récipient où l'on fait brûler l'encens pour honorer une divinité.
2. Milieu protecteur.
3. Cercle littéraire.
4. Petits poèmes galants.
5. Assemblées des évêques catholiques.
6. Personnes incapables.
7. Revue fondée en 1611.
8. Pâle.
9. La visite rituelle aux académiciens pour se faire élire parmi eux.
10. Demandes adressées au roi ou à un ministre.
11. Au pouvoir politique.

980 Et donneur de séné par désir de rhubarbe,
Avoir son encensoir[1], toujours, dans quelque barbe ?
Non, merci ! Se pousser de giron[2] en giron,
Devenir un petit grand homme dans un rond[3]
Et naviguer, avec des madrigaux[4] pour rames,
Et dans ses voiles des soupirs de vieilles dames ?
Non, merci ! Chez le bon éditeur de Sercy
Faire éditer ses vers en payant ? Non, merci !
S'aller faire nommer pape par les conciles[5]
Que dans les cabarets tiennent des imbéciles ?
990 Non, merci ! Travailler à se construire un nom
Sur un sonnet, au lieu d'en faire d'autres ? Non,
Merci ! Ne découvrir du talent qu'aux mazettes[6] ?
Être terrorisé par de vagues gazettes,
Et se dire sans cesse : « Oh, pourvu que je sois
Dans les petits papiers du *Mercure François*[7] ? »…
Non, merci ! Calculer, avoir peur, être blême[8],
Préférer faire une visite[9] qu'un poème,
Rédiger des placets[10], se faire présenter ?
Non, merci ! non, merci ! non, merci ! Mais… chanter,
1000 Rêver, rire, passer, être seul, être libre,
Avoir l'œil qui regarde bien, la voix qui vibre,
Mettre, quand il vous plaît, son feutre de travers,
Pour un oui, pour un non, se battre, – ou faire un vers !
Travailler sans souci de gloire ou de fortune,
À tel voyage, auquel on pense, dans la lune !
N'écrire jamais rien qui de soi ne sortît,
Et modeste d'ailleurs, se dire : mon petit,
Sois satisfait des fleurs, des fruits, même des feuilles,
Si c'est dans ton jardin à toi que tu les cueilles !
1010 Puis, s'il advient d'un peu triompher, par hasard,
Ne pas être obligé d'en rien rendre à César[11],
Vis-à-vis de soi-même en garder le mérite,
Bref, dédaignant d'être le lierre parasite,

Lors[12] même qu'on n'est pas le chêne ou le tilleul,
Ne pas monter bien haut, peut-être, mais tout seul !

LE BRET

Tout seul, soit ! mais non pas contre tous ! Comment diable
As-tu donc contracté la manie effroyable
De te faire toujours, partout, des ennemis ?

CYRANO

À force de vous voir vous faire des amis,
Et rire à ces amis dont vous avez des foules,
D'une bouche empruntée au derrière des poules !
J'aime raréfier sur mes pas les saluts,
Et m'écrie avec joie : un ennemi de plus !

LE BRET

Quelle aberration[13] !

CYRANO

Eh bien ! oui, c'est mon vice.
Déplaire est mon plaisir. J'aime qu'on me haïsse.
Mon cher, si tu savais comme l'on marche mieux
Sous la pistolétade[14] excitante des yeux !
Comme, sur les pourpoints, font d'amusantes taches
Le fiel[15] des envieux et la bave des lâches !
– Vous, la molle amitié dont vous vous entourez,
Ressemble à ces grands cols d'Italie, ajourés
Et flottants, dans lesquels votre cou s'efémine :
On y est plus à l'aise… et de moins haute mine,
Car le front, n'ayant pas de maintien ni de loi,
S'abandonne à pencher dans tous les sens. Mais moi,
La Haine, chaque jour, me tuyaute et m'apprête
La fraise dont l'empois force à lever la tête ;
Chaque ennemi de plus est un nouveau godron
Qui m'ajoute une gêne, et m'ajoute un rayon :
Car, pareille en tous points à la fraise espagnole,
La Haine est un carcan[16], mais c'est une auréole !

1020

1030

1040

Fraise espagnole

Cyrano évoque sa haine dans une métaphore filée. La *fraise* était une haute collerette portée par les hommes et les femmes au XVIe et au début du XVIIe siècle. Elle était enduite (*apprêtée*) avec de *l'empois* (substance à base d'amidon) et plissée (*tuyautée*) sur plusieurs rangs de *godrons* (gros plis ronds). ∎

12. Alors.

13. Absurdité.

14. Fusillade.

15. Le venin, la méchanceté.

16. Une gêne douloureuse.

LE BRET, *après un silence, passant son bras sous le sien.*
Fais tout haut l'orgueilleux et l'amer, mais tout bas,
Dis-moi tout simplement qu'elle ne t'aime pas !

CYRANO, *vivement.*
Tais-toi !

> *Depuis un moment, Christian est entré, s'est mêlé aux cadets ; ceux-ci ne lui adressent pas la parole ; il a fini par s'asseoir seul à une petite table où Lise le sert.*

■ Scène 9

CYRANO, LE BRET, LES CADETS, CHRISTIAN DE NEUVILLETTE.

UN CADET, *assis à une table du fond, le verre en main.*
Hé ! Cyrano !

> *Cyrano se retourne.*

Le récit ?

CYRANO

Tout à l'heure !
Il remonte[1] au bras de Le Bret. Ils causent bas.

LE CADET, *se levant, et descendant.*
Le récit du combat ! Ce sera la meilleure
Leçon

> *Il s'arrête devant la table où est Christian.*

pour ce timide apprentif[2] !

CHRISTIAN, *levant la tête.*

Apprentif ?

UN AUTRE CADET
Oui, septentrional[3] maladif !

CHRISTIAN

Maladif ?

1. Il va vers le fond de la scène.
2. Apprenti.
3. Nordique.

PREMIER CADET, *goguenard.*
Monsieur de Neuvillette, apprenez quelque chose :
C'est qu'il est un objet, chez nous, dont on ne cause
Pas plus que de cordon[4] dans l'hôtel d'un pendu !   1050

CHRISTIAN
Qu'est-ce ?

UN AUTRE CADET, *d'une voix terrible.*
            Regardez-moi !
                Il pose trois fois, mystérieusement, son doigt sur son nez.
                        M'avez-vous entendu ?

CHRISTIAN
Ah ! c'est le…

UN AUTRE
                Chut !… jamais ce mot ne se profère !
                    Il montre Cyrano qui cause au fond avec Le Bret.
Ou c'est à lui, là-bas, que l'on aurait affaire !

UN AUTRE, *qui, pendant qu'il était tourné vers les premiers, est venu sans bruit s'asseoir sur la table, dans son dos.*
Deux nasillards[5] par lui furent exterminés
Parce qu'il lui déplut qu'ils parlassent du nez !

UN AUTRE, *d'une voix caverneuse, surgissant de sous la table où il s'est glissé à quatre pattes.*
On ne peut faire, sans défuncter[6] avant l'âge,
La moindre allusion au fatal cartilage !

UN AUTRE, *lui posant la main sur l'épaule.*
Un mot suffit ! Que dis-je, un mot ? Un geste, un seul !
Et tirer son mouchoir, c'est tirer son linceul !

                Silence. Tous autour de lui, les bras croisés, le regardent. Il se lève et va à Carbon de Castel-Jaloux qui, causant avec un officier, a l'air de ne rien voir.

CHRISTIAN
Capitaine !   1060

4. Corde (expression proverbiale).
5. Personnes qui parlent du nez.
6. Mourir (néologisme).

CARBON, *se retournant et le toisant.*

Monsieur ?

CHRISTIAN

Que fait-on quand on trouve
Des méridionaux[1] trop vantards ?...

CARBON

On leur prouve
Qu'on peut être du Nord, et courageux.

Il lui tourne le dos.

CHRISTIAN

Merci.

PREMIER CADET, *à Cyrano.*
Maintenant, ton récit !

TOUS

Son récit !

CYRANO, *redescendant vers eux.*

Mon récit ?...

*Tous rapprochent leurs escabeaux, se groupent autour de lui,
tendent le col. Christian s'est mis à cheval sur une chaise.*
Eh bien ! donc je marchais tout seul, à leur rencontre.
La lune, dans le ciel, luisait comme une montre,
Quand soudain, je ne sais quel soigneux horloger
S'étant mis à passer un coton nuager[2]
Sur le boîtier d'argent de cette montre ronde,
Il se fit une nuit la plus noire du monde,
1070 Et les quais n'étant pas du tout illuminés,
Mordious ! on n'y voyait pas plus loin...

CHRISTIAN

Que son nez.

*Silence. Tout le monde se lève lentement. On regarde Cyrano
avec terreur. Celui-ci s'est interrompu, stupéfait. Attente.*

CYRANO
Qu'est-ce que c'est que cet homme-là ?

1. Gens du Midi.
2. De nuages (néologisme).

UN CADET, *à mi-voix.*
                                        C'est un homme
Arrivé ce matin.

CYRANO, *faisant un pas vers Christian.*
                        Ce matin ?

CARBON, *à mi-voix.*
                                Il se nomme
Le baron de Neuvil...

CYRANO, *vivement, s'arrêtant.*
                                Ah ! c'est bien...
                Il pâlit, rougit, a encore un mouvement pour se jeter sur Christian.
                                Je...
                        Puis, il se domine, et dit d'une voix sourde.
                                Très bien...
                                        Il reprend.

Je disais donc...
                                Avec un éclat de rage dans la voix.
                        Mordious !...
                                Il continue d'un ton naturel.
                        que l'on n'y voyait rien.
                                Stupeur. On se rassied en se regardant.
Et je marchais, songeant que pour un gueux[3] fort mince
J'allais mécontenter quelque grand, quelque prince,
Qui m'aurait sûrement...

CHRISTIAN
                        Dans le nez...
                Tout le monde se lève. Christian se balance sur sa chaise.

CYRANO, *d'une voix étranglée.*
                                Une dent, –
Qui m'aurait une dent... et qu'en somme, imprudent,
J'allais fourrer...

CHRISTIAN
                        Le nez...

1080

3. Pauvre.

CYRANO

Le doigt… entre l'écorce
Et l'arbre, car ce grand pouvait être de force
À me faire donner…

CHRISTIAN

Sur le nez…

CYRANO, *essuyant la sueur à son front.*

Sur les doigts.
– Mais j'ajoutai : Marche, Gascon, fais ce que dois !
Va, Cyrano ! Et ce disant, je me hasarde,
Quand, dans l'ombre, quelqu'un me porte…

CHRISTIAN

Une nasarde[1].

CYRANO
Je la pare[2] et soudain me trouve…

CHRISTIAN

Nez à nez…

CYRANO, *bondissant vers lui.*
Ventre-Saint-Gris !

*Tous les Gascons se précipitent pour voir ;
arrivé sur Christian, il se maîtrise et continue.*
avec cent braillards avinés[3]

Qui puaient…

CHRISTIAN

À plein nez…

CYRANO, *blême et souriant.*

L'oignon et la litharge[4] !
Je bondis, front baissé…

CHRISTIAN

Nez au vent !

CYRANO

Et je charge !

1. Un coup sur le nez.
2. Je l'évite.
3. Ivres.
4. L'oxyde de plomb.

J'en estomaque[5] deux ! J'en empale[6] un tout vif !
Quelqu'un m'ajuste : Paf ! et je riposte…

CHRISTIAN

Pif !

CYRANO, *éclatant.*
Tonnerre ! Sortez tous !

Tous les cadets se précipitent vers les portes.

PREMIER CADET

C'est le réveil du tigre !

CYRANO
Tous ! Et laissez-moi seul avec cet homme !

DEUXIÈME CADET

Bigre !

On va le retrouver en hachis !

RAGUENEAU

En hachis ?

UN AUTRE CADET
Dans un de vos pâtés !

RAGUENEAU

Je sens que je blanchis,
Et que je m'amollis comme une serviette !

CARBON
Sortons !

UN AUTRE

Il n'en va pas laisser une miette !

UN AUTRE
Ce qui va se passer ici, j'en meurs d'effroi !

UN AUTRE, *refermant la porte de droite.*
Quelque chose d'épouvantable !

Ils sont tous sortis, – soit par le fond, soit par les côtés, – quelques-uns ont disparu par l'escalier. Cyrano et Christian restent face à face, et se regardent un moment.

5. Assomme.
6. Embroche.

■ Scène 10

CYRANO, CHRISTIAN.

CYRANO

Embrasse-moi !

CHRISTIAN

1100 Monsieur…

CYRANO

Brave.

CHRISTIAN

Ah çà ! mais !…

CYRANO

Très brave. Je préfère.

CHRISTIAN

Me direz-vous ?…

CYRANO

Embrasse-moi. Je suis son frère.

CHRISTIAN

De qui ?

CYRANO

Mais d'elle !

CHRISTIAN

Hein ?…

CYRANO

Mais de Roxane !

CHRISTIAN, *courant à lui.*

Ciel !

Vous, son frère ?

CYRANO

Ou tout comme : un cousin fraternel.

CHRISTIAN
Elle vous a ?…

CYRANO
Tout dit !

CHRISTIAN
M'aime-t-elle ?

CYRANO
Peut-être !

CHRISTIAN, *lui prenant les mains.*
Comme je suis heureux, Monsieur, de vous connaître !

CYRANO
Voilà ce qui s'appelle un sentiment soudain.

CHRISTIAN
Pardonnez-moi…

CYRANO, *le regardant, et lui mettant la main sur l'épaule.*
C'est vrai qu'il est beau, le gredin !

CHRISTIAN
Si vous saviez, Monsieur, comme je vous admire !

CYRANO
Mais tous ces nez que vous m'avez…

CHRISTIAN
Je les retire !

CYRANO
Roxane attend ce soir une lettre…

1110

CHRISTIAN
Hélas !

CYRANO
Quoi !

CHRISTIAN
C'est me perdre que de cesser de rester coi[1] !

---

1. Silencieux.

CYRANO

Comment ?

CHRISTIAN

Las ! je suis sot à m'en tuer de honte !

CYRANO

Mais non, tu ne l'es pas puisque tu t'en rends compte.
D'ailleurs, tu ne m'as pas attaqué comme un sot.

CHRISTIAN

Bah ! on trouve des mots quand on monte à l'assaut !
Oui, j'ai certain esprit facile et militaire,
Mais je ne sais, devant les femmes, que me taire.
Oh ! leurs yeux, quand je passe, ont pour moi des bontés…

CYRANO

Leurs cœurs n'en ont-ils plus quand vous vous arrêtez ?

CHRISTIAN

1120 Non ! car je suis de ceux, – je le sais… et je tremble ! –
Qui ne savent parler d'amour.

CYRANO

Tiens !… Il me semble
Que si l'on eût pris soin de me mieux modeler,
J'aurais été de ceux qui savent en parler.

CHRISTIAN

Oh ! pouvoir exprimer les choses avec grâce !

CYRANO

Être un joli petit mousquetaire qui passe !

CHRISTIAN

Roxane est précieuse et sûrement je vais
Désillusionner[1] Roxane !

CYRANO, *regardant Christian.*

Si j'avais
Pour exprimer mon âme un pareil interprète !

1. Décevoir.

CHRISTIAN, *avec désespoir.*
Il me faudrait de l'éloquence !

CYRANO, *brusquement.*

Je t'en prête !
Toi, du charme physique et vainqueur, prête-m'en :   1130
Et faisons à nous deux un héros de roman !

CHRISTIAN
Quoi ?

CYRANO
Te sens-tu de force à répéter les choses
Que chaque jour je t'apprendrai ?...

CHRISTIAN

Tu me proposes ?...

CYRANO
Roxane n'aura pas de désillusion !
Dis, veux-tu qu'à nous deux nous la séduisions ?
Veux-tu sentir passer, de mon pourpoint de buffle
Dans ton pourpoint brodé, l'âme que je t'insuffle !...

CHRISTIAN
Mais, Cyrano !...

CYRANO

Christian, veux-tu ?

CHRISTIAN

Tu me fais peur !

CYRANO
Puisque tu crains, tout seul, de refroidir son cœur,
Veux-tu que nous fassions – et bientôt tu l'embrases ! –   1140
Collaborer un peu tes lèvres et mes phrases ?...

CHRISTIAN
Tes yeux brillent !...

CYRANO

Veux-tu ?...

CHRISTIAN

Quoi ! cela te ferait

Tant de plaisir ?…

CYRANO, *avec enivrement.*

Cela…

Se reprenant, et en artiste[1].

Cela m'amuserait !

C'est une expérience à tenter un poète.

Veux-tu me compléter et que je te complète ?

Tu marcheras, j'irai dans l'ombre à ton côté :

Je serai ton esprit, tu seras ma beauté.

CHRISTIAN

Mais la lettre qu'il faut, au plus tôt, lui remettre !

Je ne pourrai jamais…

CYRANO, *sortant de son pourpoint la lettre qu'il a écrite.*

Tiens, la voilà, ta lettre !

CHRISTIAN

1150   Comment ?

CYRANO

Hormis l'adresse, il n'y manque plus rien.

CHRISTIAN

Je…

CYRANO

Tu peux l'envoyer. Sois tranquille. Elle est bien.

CHRISTIAN

Vous aviez ?…

CYRANO

Nous avons toujours, nous, dans nos poches,

Des épîtres[2] à des Chloris[3]… de nos caboches[4],

Car nous sommes ceux-là qui pour amante n'ont

Que du rêve soufflé dans la bulle d'un nom !…

Prends, et tu changeras en vérités ces feintes[5] ;

Je lançais au hasard ces aveux et ces plaintes :
Tu verras se poser tous ces oiseaux errants.
Tu verras que je fus dans cette lettre – prends ! –
D'autant plus éloquent que j'étais moins sincère !
– Prends donc, et finissons !

1160

CHRISTIAN

N'est-il pas nécessaire
De changer quelques mots ? Écrite en divaguant[6],
Ira-t-elle à Roxane ?

CYRANO

Elle ira comme un gant !

CHRISTIAN
Mais…

CYRANO

La crédulité de l'amour-propre est telle,
Que Roxane croira que c'est écrit pour elle !

CHRISTIAN
Ah ! mon ami !

Il se jette dans les bras de Cyrano. Ils restent embrassés[7].

■ Scène 11

CYRANO, CHRISTIAN, LES GASCONS, LE MOUSQUETAIRE, LISE.

UN CADET, *entrouvrant la porte.*

Plus rien… Un silence de mort…
Je n'ose regarder…

Il passe la tête.

Hein ?

TOUS LES CADETS, *entrant et voyant Cyrano et Christian qui s'embrassent.*
Ah !… Oh !…

6. En laissant aller
ton imagination.
7. Dans les bras l'un
de l'autre.

? A votre Avis

Pourquoi le mousquetaire se moque-t-il de Cyrano ?

☐ Il est courageux et le défie.

☐ Il est jaloux de Christian.

☐ Il pense que Cyrano est devenu inoffensif.

1. Respirant.
2. Jeu sur le double sens du mot : plante aux fleurs odorantes ou gifle.

UN CADET

C'est trop fort !
Consternation.

LE MOUSQUETAIRE, *goguenard.*
Ouais ?…

CARBON
Notre démon est doux comme un apôtre !
Quand sur une narine on le frappe, – il tend l'autre ?

LE MOUSQUETAIRE
On peut donc lui parler de son nez, maintenant ?…
Appelant Lise, d'un air triomphant.

– Eh ! Lise ! Tu vas voir !

Humant [1] l'air avec affectation.
Oh !… oh !… c'est surprenant !

Quelle odeur !…
Allant à Cyrano, dont il regarde le nez avec impertinence.
Mais monsieur doit l'avoir reniflée ?
Qu'est-ce que cela sent ici ?…

CYRANO, *le souffletant.*
La giroflée [2] !
Joie. Les cadets ont retrouvé Cyrano : ils font des culbutes.

RIDEAU

pause lecture 2

Au rendez-vous des poètes (scènes 1 à 4)

1 Pourquoi Ragueneau se cache-t-il de sa femme Lise ?

2 Pourquoi Cyrano est-il si nerveux, à la scène 3 ? VOIR ? PAGE 81

3 Que s'est-il passé à la porte de Nesle ?

Un pâtissier poète

4 Comment Lise se venge-t-elle de la vocation de poète de son mari ?

5 Relisez la recette de Ragueneau (v. 711 à 729). Observez les rimes, les vers utilisés, les images. Est-ce davantage une recette ou un poème ?

Un pâtissier mécène

6 Comment se comportent les poètes envers Ragueneau ? Celui-ci est-il dupe ?

7 Quelles qualités Cyrano apprécie-t-il chez Ragueneau ? Quel avertissement donne-t-il à Lise à la fin de la scène 4 ? Pourquoi ?

La lettre de Cyrano

8 Des vers 695 à 703, que lit Cyrano ? Que racontent les poètes ? Observez la façon dont les alexandrins sont coupés. Quel est l'effet produit ?

Amour et panache (scènes 5 à 8)

1 Quel lien ancien unit Roxane et Cyrano ? VOIR **?** PAGE 91

2 Qui est ce « rimailleur » que de Guiche voulait « châtier » (v. 944-945) ?

Un quiproquo cruel

3 Dans quel but Roxane évoque-t-elle le passé (v. 768 à 785) ?
Que pense Cyrano pendant cette évocation ?

4 Quels mots peuvent faire croire à Cyrano que Roxane est amoureuse de lui ? Quel mot le détrompe ?

5 Pourquoi Cyrano accepte-t-il de protéger Christian ?
Sur quel ton, à votre avis, prononce-t-il le vers 835 ?

6 Montrez que les dernières paroles de Roxane sont cruelles pour Cyrano. Est-ce volontaire ?

Le triomphe de Cyrano

7 Lisez les didascalies des vers 848 à 877.
Quel contraste d'attitudes soulignent-elles ?
Quelles sont les raisons de ces différents comportements ?

8 Quelles propositions de Guiche fait-il à Cyrano ?
Pour quelles raisons Cyrano les refuse-t-il ?

9 Quelle répétition structure la tirade de Cyrano (v. 966 à 1015) ?
Que refuse-t-il ? Que revendique-t-il ?

Cyrano et Christian (scènes 9 à 11)

1 Pourquoi Christian est-il isolé au début de la scène 9 ?

2 Pourquoi le mousquetaire se moque-t-il du nez de Cyrano ?
VOIR **?** PAGE 124

La provocation de Christian

3 À quel jeu les cadets jouent-ils avec Christian au début de la scène 9 (v. 1045 à 1059) ?

4 À quel rythme les interventions de Christian ont-elles lieu ? Pourquoi sont-elles comiques ? Quelles qualités Christian manifeste-t-il ?

5 Quels signes physiques traduisent l'émotion de Cyrano devant ces provocations ? En quoi fait-il cependant preuve d'une véritable maîtrise de lui-même ?

Le pacte

6 En quoi consiste le pacte que Cyrano propose à Christian ? Que représente chacun des deux hommes dans cette association ?

7 Pourquoi Christian résiste-t-il d'abord à la proposition de Cyrano ? De quoi a-t-il peur ? Par quels arguments Cyrano arrive-t-il à le convaincre ?

8 Quelle est l'atmosphère de la scène 11 par rapport à celles qui précèdent ? Quel est l'effet produit ?

Du texte à l'image

Observez la sculpture → voir dossier images p. II

1 Quelle arme a donné leur nom aux mousquetaires ? La retrouvez-vous sur cette statue ? Pourquoi, selon vous ?

2 Auprès de qui voit-on un mousquetaire dans l'acte II ? Quels éléments, dans cette représentation, permettent de comprendre le prestige dont il jouit ?

3 Ce mousquetaire réapparaît aux derniers vers de l'acte. Commentez le contraste entre son allure, sur cette statue, et le sort qui lui est alors réservé.

Sculpture de Gustave Doré, *D'Artagnan, Charles de Batz de Castelmore*, 1853.

À vous de jouer

Interprétez une scène

Proposez une intonation, que vous justifierez, pour chacun des huit « Ah » de Cyrano face à Roxane, à la scène 6 (v. 792 à 801).

Imaginez une scène

Derrière la porte, les cadets, s'attendant au pire, essaient de traduire les bruits et les silences de la scène entre Cyrano et Christian. Rédigez leur dialogue.

Le baiser de Roxane

Une petite place dans l'ancien Marais[1]. Vieilles maisons. Perspectives de ruelles. À droite, la maison de Roxane et le mur de son jardin que débordent de larges feuillages. Au-dessus de la porte, fenêtre et balcon. Un banc devant le seuil.

Du lierre grimpe au mur, du jasmin enguirlande le balcon, frissonne et retombe.

Par le banc et les pierres en saillie[2] du mur, on peut facilement grimper au balcon.

En face, une ancienne maison de même style, brique et pierre, avec une porte d'entrée. Le heurtoir[3] de cette porte est emmailloté de linge comme un pouce malade.

Au lever du rideau, la duègne est assise sur le banc. La fenêtre est grande ouverte sur le balcon de Roxane.

Près de la duègne se tient debout Ragueneau, vêtu d'une sorte de livrée : il termine un récit en s'essuyant les yeux.

■ Scène 1

RAGUENEAU, LA DUÈGNE, *puis* ROXANE, CYRANO *et* DEUX PAGES.

RAGUENEAU
… Et puis, elle est partie avec un mousquetaire !
Seul, ruiné, je me pends. J'avais quitté la terre.
Monsieur de Bergerac entre, et, me dépendant,
Me vient à sa cousine offrir comme intendant[4].

LA DUÈGNE
Mais comment expliquer cette ruine où vous êtes ?

RAGUENEAU
Lise aimait les guerriers, et j'aimais les poètes !
Mars[5] mangeait les gâteaux que laissait Apollon[6] :
– Alors, vous comprenez, cela ne fut pas long !

1180

1. Voir encart, p. 101.
2. En relief.
3. Petit marteau sur la porte d'entrée.
4. Personne chargée d'administrer la maison et les affaires d'un riche particulier.
5. Dieu romain de la Guerre.
6. Dieu du Soleil, de la Lumière, des Arts et de la Poésie.

1. Un manteau de femme, ample et sans manches.
2. Surnom de précieuse.
3. Salon.
4. En faisant des manières.
5. Luths à deux manches.
6. Pierre Gassendi (1592-1655), philosophe qui enseignait une sagesse fondée sur la recherche et la maîtrise du plaisir.

LA DUÈGNE, *se levant et appelant vers la fenêtre ouverte.*
Roxane, êtes-vous prête ?... On nous attend !

LA VOIX DE ROXANE, *par la fenêtre.*

Je passe

Une mante[1] !

LA DUÈGNE, *à Ragueneau, lui montrant la porte d'en face.*
C'est là qu'on nous attend, en face.
Chez Clomire[2]. Elle tient bureau[3], dans son réduit.
On y lit un discours sur le Tendre, aujourd'hui.

RAGUENEAU
Sur le Tendre ?

LA DUÈGNE, *minaudant[4].*
Mais oui !...

Criant vers la fenêtre.
Roxane, il faut descendre,
Ou nous allons manquer le discours sur le Tendre !

LA VOIX DE ROXANE
Je viens !

On entend un bruit d'instruments à cordes qui se rapproche.

LA VOIX DE CYRANO, *chantant dans la coulisse.*
La ! la ! la ! la !

LA DUÈGNE, *surprise.*

On nous joue un morceau ?

CYRANO, *suivi de deux pages porteurs de théorbes[5].*
Je vous dis que la croche est triple, triple sot !

PREMIER PAGE, *ironique.*
1190 Vous savez donc, Monsieur, si les croches sont triples ?

CYRANO
Je suis musicien, comme tous les disciples
De Gassendi[6] !

LE PAGE *jouant et chantant.*
                    La ! la !

CYRANO, *lui arrachant le théorbe et continuant la phrase musicale.*
                              Je peux continuer !…
La ! la ! la ! la !

ROXANE, *paraissant sur le balcon.*
                    C'est vous ?

CYRANO, *chantant sur l'air qu'il continue.*
                              Moi qui viens saluer
Vos lys, et présenter mes respects à vos ro… ses !

ROXANE
Je descends !

                              Elle quitte le balcon.

LA DUÈGNE, *montrant les pages.*
                    Qu'est-ce donc que ces deux virtuoses ?

CYRANO
C'est un pari que j'ai gagné sur d'Assoucy[7].
Nous discutions un point de grammaire. – Non ! – Si ! –
Quand soudain me montrant ces deux grands escogriffes[8]
Habiles à gratter les cordes de leurs griffes,
Et dont il fait toujours son escorte, il me dit :   1200
« Je te parie un jour de musique ! » Il perdit.
Jusqu'à ce que Phœbus recommence son orbe[9],
J'ai donc sur mes talons ces joueurs de théorbe,
De tout ce que je fais harmonieux témoins !…
Ce fut d'abord charmant, et ce l'est déjà moins.

                              Aux musiciens.

Hep !… Allez de ma part jouer une pavane[10]
À Montfleury !…

          Les pages remontent pour sortir. – À la duègne.
                    Je viens demander à Roxane
Ainsi que chaque soir…

                              Aux pages qui sortent.

7. Voir Acte I, sc. 2, v. 70, p. 24.
8. Hommes grands et maigres.
9. Jusqu'à ce que le soleil recommence son tour.
10. Musique pour une danse lente et solennelle.

Jouez longtemps, – et faux !

À la duègne.

… Si l'ami de son cœur est toujours sans défauts ?

ROXANE, *sortant de la maison.*

1210 Ah ! qu'il est beau, qu'il a d'esprit, et que je l'aime !

CYRANO, *souriant.*
Christian a tant d'esprit ?…

ROXANE

Mon cher, plus que vous-même !

CYRANO
J'y consens.

ROXANE

Il ne peut exister à mon goût
Plus fin diseur de ces jolis riens qui sont tout.
Parfois il est distrait, ses Muses sont absentes ;
Puis, tout à coup, il dit des choses ravissantes !

CYRANO, *incrédule.*
Non ?

ROXANE

C'est trop fort ! Voilà comme les hommes sont :
Il n'aura pas d'esprit puisqu'il est beau garçon !

CYRANO
Il sait parler du cœur d'une façon experte ?

ROXANE
Mais il n'en parle pas, Monsieur, il en disserte[1] !

CYRANO
1220 Il écrit ?

ROXANE

Mieux encor ! Écoutez donc un peu :

Déclamant.

« Plus tu me prends de cœur[2], plus j'en ai !… »

1. Il en discute savamment.
2. Jeu sur le double sens de *cœur* : amour ou courage.

Triomphante.

Eh bien !

CYRANO

Peuh !...

ROXANE
Et ceci : « Pour souffrir, puisqu'il m'en faut un autre,
Si vous gardez mon cœur, envoyez-moi le vôtre ! »

CYRANO
Tantôt il en a trop et tantôt pas assez.
Qu'est-ce au juste qu'il veut, de cœur ?...

ROXANE, *frappant du pied.*

Vous m'agacez !

C'est la jalousie...

CYRANO, *tressaillant.*

Hein !...

ROXANE

... d'auteur qui vous dévore !
– Et ceci, n'est-il pas du dernier tendre encore ?
« Croyez que devers**3** vous mon cœur ne fait qu'un cri,
Et que si les baisers s'envoyaient par écrit,
Madame, vous liriez ma lettre avec les lèvres !... »

CYRANO, *souriant malgré lui de satisfaction.*
Ha ! ha ! ces lignes-là sont... hé ! hé !

Se reprenant et avec dédain.
Mais bien mièvres**4** !

ROXANE
Et ceci...

CYRANO, *ravi.*
Vous savez donc ses lettres par cœur ?

ROXANE
Toutes !

> **Le langage précieux**
>
> Il se caractérise par des traits d'esprit fondés sur de nombreuses figures de style : paradoxe (v. 1221), substantivation de l'adjectif (le « dernier tendre », v. 1227), oxymore (« ces jolis riens qui sont tout », v. 1213). On trouvera d'autres exemples de ce style précieux à la scène 7. ■

1230

3. Envers.
4. Fades, niaises.

CYRANO, *frisant sa moustache.*
Il n'y a pas à dire : c'est flatteur !

ROXANE
C'est un maître !

CYRANO, *modeste.*
Oh !… un maître !…

ROXANE, *péremptoire*[1].
Un maître !…

CYRANO, *saluant.*
Soit !… un maître !…

LA DUÈGNE, *qui était remontée, redescend vivement.*
Monsieur de Guiche !

À Cyrano, le poussant vers la maison.
Entrez !… car il vaut mieux, peut-être,
Qu'il ne vous trouve pas ici ; cela pourrait
Le mettre sur la piste…

ROXANE, *à Cyrano.*
Oui, de mon cher secret !
Il m'aime, il est puissant, il ne faut pas qu'il sache !
Il peut dans mes amours donner un coup de hache !

CYRANO, *entrant dans la maison.*
1240 Bien ! bien ! bien !

De Guiche paraît.

■ Scène 2

ROXANE, DE GUICHE, LA DUÈGNE *à l'écart.*

ROXANE, *à de Guiche, lui faisant une révérence.*
Je sortais.

1. Avec une assurance autoritaire.

DE GUICHE

Je viens prendre congé[2].

ROXANE
Vous partez ?

DE GUICHE

Pour la guerre.

ROXANE

Ah !

DE GUICHE

Ce soir même.

ROXANE

Ah !

DE GUICHE

J'ai

Des ordres. On assiège Arras.

ROXANE

Ah !... on assiège ?...

DE GUICHE
Oui... Mon départ a l'air de vous laisser de neige.

ROXANE, *poliment.*
Oh !...

DE GUICHE

Moi, je suis navré. Vous reverrai-je ?... Quand ?
– Vous savez que je suis nommé mestre[3] de camp ?

ROXANE, *indifférente.*
Bravo.

DE GUICHE

Du régiment des gardes.

ROXANE, *saisie.*

Ah ! des gardes ?

2. Vous dire adieu.
3. Maître.

DE GUICHE

Où sert votre cousin, l'homme aux phrases vantardes.
Je saurai me venger de lui, là-bas.

ROXANE, *suffoquée.*

Comment !

Les gardes vont là-bas ?

DE GUICHE, *riant.*

Tiens ![1] c'est mon régiment !

ROXANE, *tombant assise sur le banc, – à part.*

1250 Christian !

DE GUICHE

Qu'avez-vous ?

ROXANE, *tout émue.*

Ce… départ… me désespère !
Quand on tient à quelqu'un, le savoir à la guerre !

DE GUICHE, *surpris et charmé.*

Pour la première fois me dire un mot si doux,
Le jour de mon départ !

ROXANE, *changeant de ton et s'éventant[2].*

Alors, – vous allez vous
Venger de mon cousin ?…

DE GUICHE, *souriant.*

On est pour lui ?

ROXANE

Non, – contre !

DE GUICHE

Vous le voyez ?

ROXANE

Très peu.

DE GUICHE

Partout on le rencontre

1. Bien sûr !
2. Agitant l'air autour d'elle
avec un éventail.

136 lire

Avec un des cadets…

Il cherche le nom.

ce Neu… villen… viller…

ROXANE
Un grand ?

DE GUICHE
                Blond.

ROXANE
                        Roux.

DE GUICHE
                                Beau !

ROXANE
                                    Peuh !

DE GUICHE
                                        Mais bête.

ROXANE
                                            Il en a l'air !
Changeant de ton.
… Votre vengeance envers Cyrano, – c'est peut-être
De l'exposer au feu, qu'il adore ?… Elle est piètre[3] !
Je sais bien, moi, ce qui lui serait sanglant !

1260

DE GUICHE
                                C'est ?…

ROXANE
Mais si le régiment, en partant, le laissait
Avec ses chers cadets, pendant toute la guerre,
À Paris, bras croisés !… C'est la seule manière,
Un homme comme lui, de le faire enrager :
Vous voulez le punir ? privez-le de danger.

DE GUICHE
Une femme ! une femme ! il n'y a qu'une femme
Pour inventer ce tour[4] !

3. Médiocre.
4. Cette ruse.

? A votre Avis

Quel but Roxane poursuit-elle ?

☐ Priver Cyrano de combat.

☐ Épargner le danger à Christian.

☐ Se faire épouser par de Guiche.

ROXANE

Il se rongera l'âme,
Et ses amis les poings[1], de n'être pas[2] au feu :
Et vous serez vengé !

DE GUICHE, *se rapprochant.*

Vous m'aimez donc un peu !

Elle sourit.

1270 Je veux voir dans ce fait d'épouser ma rancune
Une preuve d'amour, Roxane !…

ROXANE

C'en est une.

DE GUICHE, *montrant plusieurs plis[3] cachetés.*
J'ai les ordres sur moi qui vont être transmis
À chaque compagnie, à l'instant même, hormis[4]…

Il en détache un.

Celui-ci ! C'est celui des cadets.

Il le met dans sa poche.

Je le garde.

Riant.

Ah ! ah ! ah ! Cyrano !… Son humeur bataillarde[5] !…
– Vous jouez donc des tours aux gens, vous ?…

ROXANE, *le regardant.*

Quelquefois.

DE GUICHE, *tout près d'elle.*
Vous m'affolez ! Ce soir – écoutez – oui, je dois
Être parti. Mais fuir quand je vous sens émue !…
Écoutez. Il y a, près d'ici dans la rue
1280 D'Orléans, un couvent fondé par le syndic[6]
Des capucins[7], le Père Athanase. Un laïc
N'y peut entrer. Mais les bons Pères, je m'en charge !…
Ils peuvent me cacher dans leur manche : elle est large.
– Ce sont les capucins qui servent Richelieu

1. Et ses amis se rongeront les poings.
2. Parce qu'ils ne sont pas.
3. Lettres.
4. Sauf.
5. Batailleuse (néologisme).
6. Représentant légal.
7. Religieux d'un ordre franciscain.

Chez lui ; redoutant l'oncle, ils craignent le neveu. –
On me croira parti. Je viendrai sous le masque.
Laisse-moi retarder d'un jour, chère fantasque[8] !

ROXANE, *vivement.*
Mais si cela s'apprend, votre gloire…

DE GUICHE

Bah !

ROXANE

Mais
Le siège, Arras…

DE GUICHE

Tant pis ! Permettez !

ROXANE

Non !

DE GUICHE

Permets !

ROXANE, *tendrement.*
Je dois vous le défendre !   1290

DE GUICHE

Ah !

ROXANE

Partez !

À part.

Christian reste.

Haut.

Je vous veux héroïque, – Antoine !

DE GUICHE

Mot céleste !
Vous aimez donc celui ?…

ROXANE

Pour lequel j'ai frémi.

8. Capricieuse.

DE GUICHE, *transporté de joie.*
Ah ! je pars !

Il lui baise la main.

Êtes-vous contente ?

ROXANE

Oui, mon ami !

Il sort.

LA DUÈGNE, *lui faisant dans le dos une révérence comique.*
Oui, mon ami !

ROXANE, *à la duègne.*
Taisons ce que je viens de faire :
Cyrano m'en voudrait de lui voler sa guerre !

Elle appelle vers la maison.

Cousin !

■ Scène 3

ROXANE, LA DUÈGNE, CYRANO.

ROXANE
Nous allons chez Clomire.

Elle désigne la porte d'en face.
Alcandre y doit

Parler, et Lysimon[1] !

LA DUÈGNE, *mettant son petit doigt dans son oreille.*
Oui ! mais mon petit doigt
Dit qu'on va les manquer !

CYRANO, *à Roxane.*
Ne manquez pas ces singes.
Ils sont arrivés devant la porte de Clomire.

1. Surnoms de précieux.

LA DUÈGNE, *avec ravissement.*
Oh ! voyez ! le heurtoir est entouré de linges !...

Au heurtoir.

On vous a bâillonné pour que votre métal 1300
Ne troublât pas les beaux discours, – petit brutal[2] !

Elle le soulève avec des soins infinis et frappe doucement.

ROXANE, *voyant qu'on ouvre.*
Entrons !...

Du seuil, à Cyrano.

Si Christian vient, comme je le présume[3],
Qu'il m'attende !

CYRANO, *vivement, comme elle va disparaître.*
Ah !...

Elle se retourne.

Sur quoi, selon votre coutume,
Comptez-vous aujourd'hui l'interroger ?

ROXANE

Sur...

CYRANO, *vivement.*

Sur ?

ROXANE
Mais vous serez muet, là-dessus !

CYRANO

Comme un mur.

ROXANE
Sur rien !... Je vais lui dire : Allez ! Partez sans bride !
Improvisez. Parlez d'amour. Soyez splendide !

CYRANO, *souriant.*
Bon.

ROXANE
Chut !...

2. Personnification
du heurtoir de la porte,
typique du style précieux.
3. Je suppose.

CYRANO

Chut !...

ROXANE

Pas un mot !...

Elle rentre et referme la porte.

CYRANO, *la saluant, la porte une fois fermée.*

En vous remerciant.

La porte se rouvre et Roxane passe la tête.

ROXANE

Il se préparerait !...

CYRANO

Diable, non !...

TOUS LES DEUX, *ensemble.*

Chut !...

La porte se ferme.

CYRANO, *appelant.*

Christian !

■ Scène 4

CYRANO, CHRISTIAN.

CYRANO

1310 Je sais tout ce qu'il faut. Prépare ta mémoire.
Voici l'occasion de se couvrir de gloire.
Ne perdons pas de temps. Ne prends pas l'air grognon.
Vite, rentrons chez toi, je vais t'apprendre...

CHRISTIAN

Non !

CYRANO

Hein ?

CHRISTIAN

      Non ! J'attends Roxane ici.

CYRANO

                        De quel vertige

Es-tu frappé ? Viens vite apprendre…

CHRISTIAN

                     Non, te dis-je !

Je suis las d'emprunter mes lettres, mes discours,
Et de jouer ce rôle, et de trembler toujours !…
C'était bon au début ! Mais je sens qu'elle m'aime !
Merci. Je n'ai plus peur. Je vais parler moi-même.

CYRANO

Ouais !

                            1320

CHRISTIAN

      Et qui te dit que je ne saurai pas ?…
Je ne suis pas si bête à la fin ! Tu verras !
Mais, mon cher, tes leçons m'ont été profitables.
Je saurai parler seul ! Et, de par tous les diables,
Je saurai bien toujours la prendre dans mes bras !…

         Apercevant Roxane, qui ressort de chez Clomire.

– C'est elle ! Cyrano, non, ne me quitte pas !

CYRANO, *le saluant.*

Parlez tout seul, Monsieur.

                  Il disparaît derrière le mur du jardin.

■ Scène 5

CHRISTIAN, ROXANE, *quelques* PRÉCIEUX *et* PRÉCIEUSES,
et LA DUÈGNE, *un instant.*

ROXANE, *sortant de la maison de Clomire avec une compagnie qu'elle quitte : révérences et saluts.*

            Barthénoïde ! – Alcandre ! –
Grémione !…

LA DUÈGNE, *désespérée.*
                   On a manqué le discours sur le Tendre !
                                        Elle rentre chez Roxane.

ROXANE, *saluant encore.*
Urimédonte !… Adieu !…
                   *Tous saluent Roxane, se resaluent entre eux, se séparent
                   et s'éloignent par différentes rues. Roxane voit Christian.*
                   C'est vous !…

                                              Elle va à lui.
                              Le soir descend.
Attendez. Ils sont loin. L'air est doux. Nul passant.
1330   Asseyons-nous. Parlez. J'écoute.

CHRISTIAN *s'assied près d'elle, sur le banc. Un silence.*
                   Je vous aime.

ROXANE, *fermant les yeux.*
Oui, parlez-moi d'amour.

CHRISTIAN
                         Je t'aime.

ROXANE
                              C'est le thème.
Brodez, brodez.

CHRISTIAN
                   Je vous…

ROXANE
                         Brodez !

CHRISTIAN
                         Je t'aime tant.

ROXANE
Sans doute. Et puis ?

CHRISTIAN
                   Et puis… je serai si content
Si vous m'aimiez ! – Dis-moi, Roxane, que tu m'aimes !

→ Du texte à l'image p. 74

Décor de l'acte I

Maquette de Jacques Dupont pour la mise en scène
de Jacques Charon, Comédie-Française, 1964.

I

Dossier images

II

D'Artagnan

Charles de Batz de Castelmore, sculpture de Gustave Doré, 1853.

→ Du texte à l'image p. 180

Dossier images

La scène du balcon

Mise en scène
de Pino Micol,
Théâtre Dejazet, 1997.

III

Dossier images

Le siège d'Arras

Mise en scène de Denis Podalydès, avec André Seweryn (de Guiche),
Comédie-Française, 2006.

IV

ROXANE, *avec une moue.*
Vous m'offrez du brouet[1] quand j'espérais des crèmes !
Dites un peu comment vous m'aimez ?...

CHRISTIAN

Mais... beaucoup.

ROXANE
Oh !... Délabyrinthez[2] vos sentiments !

CHRISTIAN, *qui s'est rapproché et dévore des yeux la nuque blonde.*
Ton cou !

Je voudrais l'embrasser !...

ROXANE

Christian !

CHRISTIAN

Je t'aime !

ROXANE, *voulant se lever.*

Encore !

CHRISTIAN, *vivement, la retenant.*
Non, je ne t'aime pas !

ROXANE, *se rasseyant.*

C'est heureux.

CHRISTIAN

Je t'adore !

ROXANE, *se levant et s'éloignant.*
Oh !

1340

CHRISTIAN
Oui... je deviens sot !

ROXANE

Et cela me déplaît !
Comme il me déplairait que vous devinssiez[3] laid.

CHRISTIAN
Mais...

1. Potage ordinaire.
2. Démêlez (création verbale typique du style précieux).
3. Que vous deveniez.

ROXANE

Allez rassembler votre éloquence en fuite !

CHRISTIAN

Je…

ROXANE

Vous m'aimez, je sais. Adieu.

Elle va vers la maison.

CHRISTIAN

Pas tout de suite !

Je vous dirai…

ROXANE, *poussant la porte pour rentrer.*

Que vous m'adorez… oui, je sais.
Non ! non ! Allez-vous-en !

CHRISTIAN

Mais je…

Elle lui ferme la porte au nez.

CYRANO, *qui depuis un moment est rentré sans être vu.*

C'est un succès.

■ Scène 6

CHRISTIAN, CYRANO, LES PAGES, *un instant.*

CHRISTIAN

Au secours !

CYRANO

Non, monsieur.

CHRISTIAN

Je meurs si je ne rentre
En grâce, à l'instant même…

CYRANO

Et comment puis-je, diantre !
Vous faire à l'instant même, apprendre ?...

CHRISTIAN, *lui saisissant le bras.*

Oh ! là, tiens, vois !
La fenêtre du balcon s'est éclairée.

CYRANO, *ému.*
Sa fenêtre !

CHRISTIAN, *criant.*
Je vais mourir !

CYRANO

Baissez la voix !

CHRISTIAN, *tout bas.*
Mourir !...

CYRANO

La nuit est noire...

CHRISTIAN

Eh bien ?

CYRANO

C'est réparable.
Vous ne méritez pas... Mets-toi là, misérable !
Là, devant le balcon ! Je me mettrai dessous...
Et je te soufflerai tes mots.

CHRISTIAN

Mais...

CYRANO

Taisez-vous !

LES PAGES, *reparaissant au fond, à Cyrano.*
Hep !

CYRANO

Chut !...

Il leur fait signe de parler bas.

PREMIER PAGE, *à mi-voix.*

Nous venons de donner la sérénade
À Montfleury !…

CYRANO, *bas, vite.*

Allez vous mettre en embuscade
L'un à ce coin de rue, et l'autre à celui-ci ;
Et si quelque passant gênant vient par ici,
Jouez un air !

DEUXIÈME PAGE

Quel air, monsieur le gassendiste[1] ?

CYRANO

Joyeux pour une femme, et pour un homme, triste !
Les pages disparaissent, un à chaque coin de rue. – À Christian.
1360 Appelle-la !

CHRISTIAN

Roxane !

CYRANO, *ramassant des cailloux qu'il jette dans les vitres.*
Attends ! Quelques cailloux.

■ Scène 7

ROXANE, CHRISTIAN, CYRANO, *d'abord caché sous le balcon.*

ROXANE, *entrouvrant sa fenêtre.*
Qui donc m'appelle ?

CHRISTIAN

Moi.

ROXANE

Qui, moi ?

CHRISTIAN

Christian.

1. Disciple de Gassendi (voir note 6, p. 130).

ROXANE, *avec dédain.*

C'est vous ?

CHRISTIAN
Je voudrais vous parler.

CYRANO, *sous le balcon, à Christian.*
Bien. Bien. Presque à voix basse.

ROXANE
Non ! Vous parlez trop mal. Allez-vous-en !

CHRISTIAN

De grâce !…

ROXANE
Non ! Vous ne m'aimez plus !

CHRISTIAN, *à qui Cyrano souffle ses mots.*
M'accuser, – justes dieux ! –
De n'aimer plus… quand… j'aime plus !

ROXANE, *qui allait refermer sa fenêtre, s'arrêtant.*
Tiens ! mais c'est mieux !

CHRISTIAN, *même jeu.*
L'amour grandit bercé dans mon âme inquiète…
Que ce… cruel marmot prit pour… barcelonnette[2] !

ROXANE, *s'avançant sur le balcon.*
C'est mieux ! – Mais, puisqu'il est cruel, vous fûtes sot
De ne pas, cet amour, l'étouffer au berceau !

CHRISTIAN, *même jeu.*
Aussi l'ai-je tenté, mais… tentative nulle :
Ce… nouveau-né, Madame, est un petit… Hercule.

ROXANE
C'est mieux !

CHRISTIAN, *même jeu.*
De sorte qu'il… strangula[3] comme rien…
Les deux serpents… Orgueil et… Doute.

ACTE III, 7

Mythologie

Entre les vers 1366 et 1373, le texte combine deux allusions mythologiques : l'Amour comme un bambin malicieux (Éros), et l'enfance d'Hercule qui étrangla dans son berceau les deux serpents que, par jalousie, la déesse Héra (l'épouse de son père, Zeus) avait envoyés pour le tuer. ■

1370

2. Petit berceau suspendu.
3. Étrangla.

**L'amour et
le langage précieux**

Pour dire ses sentiments, Cyrano emploie, jusqu'à la parodie, de nombreuses figures de style : métaphore (v. 1375) parfois filée (v. 1366 à 1369), allégorie (v. 1372), antithèse (*cœur grand/oreille petite*, v. 1382), anthropomorphisation (les *mots* comme des gymnastes, v. 1385-1386), jeu entre le concret et l'abstrait (sur le verbe *tomber*, v. 1389), etc. ■

ROXANE, *s'accoudant au balcon.*

Ah ! c'est très bien.
– Mais pourquoi parlez-vous de façon peu hâtive[1] ?
Auriez-vous donc la goutte[2] à l'imaginative[3] ?

CYRANO, *tirant Christian sous le balcon et se glissant à sa place.*
Chut ! Cela devient trop difficile !…

ROXANE

Aujourd'hui…
Vos mots sont hésitants. Pourquoi ?

CYRANO, *parlant à mi-voix, comme Christian.*

C'est qu'il fait nuit,
Dans cette ombre, à tâtons, ils cherchent votre oreille.

ROXANE
Les miens n'éprouvent pas difficulté pareille.

CYRANO
1380 Ils trouvent tout de suite ? oh ! cela va de soi,
Puisque c'est dans mon cœur, eux, que je les reçoi[4] ;
Or, moi, j'ai le cœur grand, vous, l'oreille petite.
D'ailleurs vos mots à vous descendent : ils vont plus vite,
Les miens montent, Madame : il leur faut plus de temps !

ROXANE
Mais ils montent bien mieux depuis quelques instants.

CYRANO
De cette gymnastique, ils ont pris l'habitude !

ROXANE
Je vous parle, en effet, d'une[5] vraie altitude !

CYRANO
Certe[6], et vous me tueriez si de cette hauteur
Vous me laissiez tomber un mot dur sur le cœur !

ROXANE, *avec un mouvement.*
1390 Je descends !

1. Avec lenteur.
2. Maladie qui paralyse douloureusement les extrémités.
3. L'imagination.
4. et **6.** Orthographes permises pour la métrique.
5. Depuis une.

150 **lire**

CYRANO, *vivement.*

Non !

ROXANE, *lui montrant le banc qui est sous le balcon.*

Grimpez sur le banc, alors, vite !

CYRANO, *reculant avec effroi dans la nuit.*

Non !

ROXANE

Comment… non ?

CYRANO, *que l'émotion gagne de plus en plus.*

Laissez un peu que l'on profite…
De cette occasion qui s'offre… de pouvoir
Se parler doucement, sans se voir.

ROXANE

Sans se voir ?

CYRANO

Mais oui, c'est adorable. On se devine à peine.
Vous voyez la noirceur d'un long manteau qui traîne,
J'aperçois la blancheur d'une robe d'été :
Moi je ne suis qu'une ombre, et vous qu'une clarté !
Vous ignorez pour moi ce que sont ces minutes !
Si quelquefois je fus éloquent…

ROXANE

Vous le fûtes !

CYRANO

Mon langage jamais jusqu'ici n'est sorti   1400
De mon vrai cœur…

ROXANE

Pourquoi ?

CYRANO

Parce que… jusqu'ici
Je parlais à travers…

ROXANE

Quoi ?

CYRANO

… le vertige où tremble
Quiconque est sous vos yeux !… Mais, ce soir, il me semble…
Que je vais vous parler pour la première fois !

ROXANE

C'est vrai que vous avez une tout autre voix.

CYRANO, *se rapprochant avec fièvre.*
Oui, tout autre, car dans la nuit qui me protège
J'ose être enfin moi-même, et j'ose…

Il s'arrête et, avec égarement.
Où en étais-je ?
Je ne sais… tout ceci, – pardonnez mon émoi, –
C'est si délicieux… c'est si nouveau pour moi !

ROXANE

1410 Si nouveau ?

CYRANO, *bouleversé, et essayant toujours de rattraper ses mots.*
Si nouveau… mais oui… d'être sincère
La peur d'être raillé, toujours au cœur me serre…

ROXANE

Raillé de quoi ?

CYRANO

Mais de… d'un élan !… Oui, mon cœur,
Toujours, de mon esprit s'habille[1], par pudeur
Je pars pour décrocher l'étoile, et je m'arrête
Par peur du ridicule, à cueillir la fleurette[2] !

ROXANE

La fleurette a du bon.

CYRANO

Ce soir, dédaignons-la !

1. Se couvre.
2. Propos galants
(*cf.* l'expression : *conter
fleurette*).

ROXANE

Vous ne m'aviez jamais parlé comme cela !

CYRANO

Ah ! si loin des carquois[3], des torches et des flèches[4],
On se sauvait un peu vers des choses... plus fraîches !
Au lieu de boire goutte à goutte, en un mignon
Dé à coudre d'or fin, l'eau fade du Lignon[5],
Si l'on tentait de voir comment l'âme s'abreuve[6]
En buvant largement à même le grand fleuve !

ROXANE

Mais l'esprit ?...

CYRANO

       J'en ai fait pour vous faire rester
D'abord, mais maintenant ce serait insulter
Cette nuit, ces parfums, cette heure, la Nature,
Que de parler comme un billet doux de Voiture[7] !
– Laissons, d'un seul regard de ses astres, le ciel
Nous désarmer de tout notre artificiel[8] :
Je crains tant que parmi notre alchimie[9] exquise
Le vrai du sentiment ne se volatilise[10],
Que l'âme ne se vide à ces passe-temps vains[11],
Et que le fin du fin[12] ne soit la fin des fins !

ROXANE

Mais l'esprit ?...

CYRANO

       Je le hais, dans l'amour ! C'est un crime
Lorsqu'on aime de trop prolonger cette escrime !
Le moment vient d'ailleurs inévitablement,
– Et je plains ceux pour qui ne vient pas ce moment ! –
Où nous sentons qu'en nous une amour[13] noble existe
Que chaque joli mot que nous disons rend triste !

ROXANE

Eh bien ! si ce moment est venu pour nous deux,
Quels mots me direz-vous ?

1420

1430

1440

3. Étuis à flèches.
4. Armes avec lesquelles Éros, le dieu de l'Amour, blesse ses victimes.
5. Rivière du roman *L'Astrée* (voir note 2, p. 96).
6. Se désaltère.
7. Vincent Voiture (1597-1648), le plus fameux des poètes précieux.
8. Nos manières affectées.
9. Sophistication.
10. Se disperse, s'envole.
11. Futiles, inutiles.
12. L'extrême raffinement.
13. Le mot peut être féminin singulier au XVIIe s.

CYRANO

Tous ceux, tous ceux, tous ceux
Qui me viendront, je vais vous les jeter, en touffe,
Sans les mettre en bouquets : je vous aime, j'étouffe,
Je t'aime, je suis fou, je n'en peux plus, c'est trop ;
Ton nom est dans mon cœur comme dans un grelot[1],
Et comme tout le temps, Roxane, je frissonne,
Tout le temps, le grelot s'agite, et le nom sonne !
De toi, je me souviens de tout, j'ai tout aimé :
Je sais que l'an dernier, un jour, le douze mai,
1450 Pour sortir le matin tu changeas de coiffure !
J'ai tellement pris pour clarté ta chevelure
Que, comme lorsqu'on a trop fixé le soleil,
On voit sur toute chose ensuite un rond vermeil[2],
Sur tout, quand j'ai quitté les feux[3] dont tu m'inondes,
Mon regard ébloui pose des taches blondes !

ROXANE, *d'une voix troublée.*
Oui, c'est bien de l'amour…

CYRANO

Certes, ce sentiment
Qui m'envahit, terrible et jaloux, c'est vraiment
De l'amour, il en a toute la fureur triste !
De l'amour, – et pourtant il n'est pas égoïste !
1460 Ah ! que pour ton bonheur je donnerais le mien,
Quand même tu devrais n'en savoir jamais rien,
S'il se pouvait, parfois, que de loin, j'entendisse
Rire un peu le bonheur né de mon sacrifice !
– Chaque regard de toi suscite une vertu
Nouvelle, une vaillance en moi ! Commences-tu
À comprendre, à présent ? voyons, te rends-tu compte ?
Sens-tu mon âme, un peu, dans cette ombre, qui monte ?…
Oh ! mais vraiment, ce soir, c'est trop beau, c'est trop doux !
Je vous dis tout cela, vous m'écoutez, moi, vous !
1470 C'est trop ! Dans mon espoir même le moins modeste,

1. Une clochette.
2. D'un rouge doré.
3. Sentiments passionnés (métaphore précieuse).

Je n'ai jamais espéré tant ! Il ne me reste
Qu'à mourir maintenant ! C'est à cause des mots
Que je dis qu'elle tremble entre les bleus rameaux !
Car vous tremblez, comme une feuille entre les feuilles !
Car tu trembles ! car j'ai senti, que tu le veuilles
Ou non, le tremblement adoré de ta main
Descendre tout le long des branches du jasmin !

Il baise éperdument l'extrémité d'une branche pendante.

ROXANE

Oui, je tremble, et je pleure, et je t'aime, et suis tienne !
Et tu m'as enivrée !

CYRANO

        Alors, que la mort vienne !
Cette ivresse, c'est moi, moi, qui l'ai su causer !
Je ne demande plus qu'une chose…

CHRISTIAN, *sous le balcon.*

        Un baiser !

ROXANE, *se rejetant en arrière.*
Hein ?

CYRANO

    Oh !

ROXANE

    Vous demandez ?

CYRANO

        Oui… je…

            À Christian, bas.
        Tu vas trop vite.

CHRISTIAN

Puisqu'elle est si troublée, il faut que j'en profite !

CYRANO, *à Roxane.*
Oui, je… j'ai demandé, c'est vrai… mais justes cieux !
Je comprends que je fus bien trop audacieux.

1480

ROXANE, *un peu déçue.*
Vous n'insistez pas plus que cela ?

CYRANO

Si ! j'insiste…
Sans insister !… Oui, oui ! votre pudeur s'attriste !
Eh bien ! mais, ce baiser… ne me l'accordez pas !

CHRISTIAN, *à Cyrano, le tirant par son manteau.*
Pourquoi ?

CYRANO

Tais-toi, Christian !

ROXANE, *se penchant.*

Que dites-vous tout bas ?

CYRANO
1490 Mais d'être allé trop loin, moi-même je me gronde ;
Je me disais : tais-toi, Christian !…

Les théorbes se mettent à jouer.
Une seconde !…

On vient !

*Roxane referme la fenêtre. Cyrano écoute les théorbes,
dont l'un joue un air folâtre et l'autre un air lugubre.*
Air triste ? Air gai ?… Quel est donc leur dessein ?
Est-ce un homme ? une femme ? – Ah ! c'est un capucin !

*Entre un capucin qui va de maison en maison,
une lanterne à la main, regardant les portes.*

■ Scène 8

CYRANO, CHRISTIAN, UN CAPUCIN.

CYRANO, *au capucin.*
Quel est ce jeu renouvelé de Diogène ?

LE CAPUCIN
Je cherche la maison de madame...

CHRISTIAN

Il nous gêne !

LE CAPUCIN
Magdeleine Robin...

CHRISTIAN

Que veut-il ?...

CYRANO, *lui montrant une rue montante.*

Par ici !
Tout droit, – toujours tout droit...

LE CAPUCIN

Je vais pour vous – merci ! –
Dire mon chapelet jusqu'au grain majuscule[1].

Il sort.

CYRANO
Bonne chance ! mes vœux suivent votre cuculle[2] !
Il redescend vers Christian.

■ Scène 9

CYRANO, CHRISTIAN.

CHRISTIAN
Obtiens-moi ce baiser !...

1500

CYRANO

Non !

CHRISTIAN

Tôt ou tard...

CYRANO

C'est vrai !

Diogène

Le philosophe athénien Diogène (IVe siècle av. J.-C.) affichait avec provocation son mépris des conventions et des valeurs sociales. Plusieurs anecdotes témoignent de cette attitude appelée *cynisme* : il se promenait ainsi en plein jour une lanterne allumée à la main, disant à qui s'en étonnait : « Je cherche un être humain ! » ■

1. Jusqu'au grain le plus gros, au bout du chapelet.
2. Capuchon de moine.

Il viendra, ce moment de vertige enivré
Où vos bouches iront l'une vers l'autre, à cause
De ta moustache blonde et de sa lèvre rose !

À lui-même.

J'aime mieux que ce soit à cause de…
Bruit de volets qui se rouvrent, Christian se cache sous le balcon.

■ Scène 10

CYRANO, CHRISTIAN, ROXANE.

ROXANE, *s'avançant sur le balcon.*

C'est vous ?

Nous parlions de… de… d'un…

CYRANO

Baiser. Le mot est doux !
Je ne vois pas pourquoi votre lèvre ne l'ose ;
S'il la brûle déjà, que sera-ce la chose ?
Ne vous en faites pas un épouvantement :
N'avez-vous pas tantôt, presque insensiblement,
1510 Quitté le badinage et glissé sans alarmes
Du sourire au soupir, et du soupir aux larmes !
Glissez encore un peu d'insensible façon :
Des larmes au baiser il n'y a qu'un frisson !

ROXANE
Taisez-vous !

CYRANO

Un baiser, mais à tout prendre, qu'est-ce ?
Un serment fait d'un peu plus près, une promesse
Plus précise, un aveu qui veut se confirmer,
Un point rose qu'on met sur l'i du verbe aimer ;
C'est un secret qui prend la bouche pour oreille,

Un instant d'infini qui fait un bruit d'abeille,
Une communion ayant un goût de fleur,
Une façon d'un peu se respirer le cœur,
Et d'un peu se goûter, au bord des lèvres, l'âme !

ROXANE

Taisez-vous !

CYRANO

Un baiser, c'est si noble, Madame,
Que la reine de France, au plus heureux des lords,
En a laissé prendre un, la reine même !

ROXANE

Alors !

CYRANO, *s'exaltant.*

J'eus comme Buckingham des souffrances muettes,
J'adore comme lui la reine que vous êtes,
Comme lui je suis triste et fidèle…

ROXANE

Et tu es

Beau comme lui !

CYRANO, *à part, dégrisé* [1].

C'est vrai, je suis beau, j'oubliais !

ROXANE

Eh bien ! montez cueillir cette fleur sans pareille…

CYRANO, *poussant Christian vers le balcon.*

Monte !

ROXANE

Ce goût de cœur…

CYRANO

Monte !

ROXANE

Ce bruit d'abeille…

Amours royales

L'amour secret d'Anne d'Autriche et du ministre anglais Buckingham constitue la toile de fond du roman *Les Trois Mousquetaires* : Dumas y raconte comment, pour sauver l'honneur de la reine que Richelieu voulait compromettre, d'Artagnan et ses compagnons récupérèrent un bijou qu'elle avait imprudemment donné à son amant. ■

1530

1. Revenu à la réalité.

CYRANO
Monte !

CHRISTIAN, *hésitant.*
            Mais il me semble, à présent, que c'est mal !

ROXANE
Cet instant d'infini !...

CYRANO, *le poussant.*
                    Monte donc, animal !
                    *Christian s'élance, et par le banc, le feuillage,
                    les piliers, atteint les balustres qu'il enjambe.*

CHRISTIAN
Ah ! Roxane !...

                            Il l'enlace et se penche sur ses lèvres.

CYRANO
            Aïe ! au cœur, quel pincement bizarre !
– Baiser, festin d'amour dont je suis le Lazare !
Il me vient de cette ombre une miette de toi, –
Mais oui, je sens un peu mon cœur qui te reçoit,
Puisque sur cette lèvre où Roxane se leurre[1]
Elle baise les mots que j'ai dits tout à l'heure !

                                    On entend les théorbes.

1540   Un air triste, un air gai : le capucin !
            Il feint de courir comme s'il arrivait de loin, et d'une voix claire.
                                    Holà !

ROXANE
Qu'est-ce ?

CYRANO
            Moi. Je passais... Christian est encor là ?

CHRISTIAN, *très étonné.*
Tiens, Cyrano !

ROXANE
                    Bonjour, cousin !

Lazare

Dans l'Évangile selon saint Luc, Jésus raconte la parabole du mauvais riche et du « pauvre nommé Lazare qui gisait près de son portail, tout couvert d'ulcères. Il aurait bien voulu se rassasier de ce qui tombait de la table du riche, mais personne ne lui en donnait. » ∎

1. Se trompe.

La scène du balcon, illustration de l'édition Laffite (1910),
inspirée de la mise en scène originale de la pièce.

? A votre Avis

Pourquoi Cyrano fait-il semblant d'arriver ?

❑ Il veut parler à Roxane.

❑ Le retour du capucin rend sa présence nécessaire.

❑ Il est jaloux de Christian.

CYRANO

Bonjour, cousine !

ROXANE
Je descends !

Elle disparaît dans la maison. Au fond rentre le capucin.

CHRISTIAN, *l'apercevant.*
Oh ! encor !

Il suit Roxane.

■ Scène 11

CYRANO, CHRISTIAN, ROXANE, LE CAPUCIN, RAGUENEAU.

LE CAPUCIN

C'est ici, – je m'obstine –

Magdeleine Robin !

CYRANO

Vous aviez dit : Ro-*lin.*

LE CAPUCIN
Non : *Bin.* B, i, n, *bin* !

ROXANE, *paraissant sur le seuil de la maison, suivie de Ragueneau, qui porte une lanterne, et de Christian.*
Qu'est-ce ?

LE CAPUCIN

Une lettre.

CHRISTIAN

Hein ?

LE CAPUCIN, *à Roxane.*
Oh ! il ne peut s'agir que d'une sainte chose !
C'est un digne seigneur qui…

ROXANE, *à Christian.*

C'est de Guiche !

CHRISTIAN

Il ose ?...

ROXANE

Oh ! mais il ne va pas m'importuner[1] toujours !

Décachetant la lettre.

Je t'aime, et si...

À la lueur de la lanterne de Ragueneau, elle lit, à l'écart, à voix basse.

« Mademoiselle,

Les tambours

Battent ; mon régiment boucle sa soubreveste[2] ; 1550
Il part ; moi, l'on me croit déjà parti : je reste.
Je vous désobéis. Je suis dans ce couvent.
Je vais venir, et vous le mande[3] auparavant
Par un religieux simple[4] comme une chèvre
Qui ne peut rien comprendre à ceci. Votre lèvre
M'a trop souri tantôt : j'ai voulu la revoir.
Éloignez un chacun, et daignez recevoir
L'audacieux déjà pardonné, je l'espère,
Qui signe votre très... et cætera... »

Au capucin.

Mon père,

Voici ce que me dit cette lettre. Écoutez. 1560

Tous se rapprochent, elle lit à haute voix.

« Mademoiselle,

Il faut souscrire aux volontés
Du Cardinal, si dur que cela vous puisse être.
C'est la raison pourquoi j'ai fait choix, pour remettre
Ces lignes en vos mains charmantes, d'un très saint,
D'un très intelligent et discret capucin ;
Nous voulons qu'il vous donne, et dans votre demeure,
La bénédiction

Elle tourne la page.

1. M'ennuyer, me déranger.
2. Longue veste sans manches des mousquetaires.
3. Je vous en informe.
4. Sot.

nuptiale[1] sur l'heure.
Christian doit en secret devenir votre époux ;
Je vous l'envoie. Il vous déplaît. Résignez-vous.

1570 Songez bien que le ciel bénira votre zèle[2],
Et tenez pour tout assuré, Mademoiselle,
Le respect de celui qui fut et qui sera
Toujours votre très humble et très… et cætera. »

LE CAPUCIN, *rayonnant.*
Digne seigneur !… Je l'avais dit. J'étais sans crainte !
Il ne pouvait s'agir que d'une chose sainte !

ROXANE, *bas à Christian.*
N'est-ce pas que je lis très bien les lettres ?

CHRISTIAN

                                        Hum !

ROXANE, *haut, avec désespoir.*
Ah !… c'est affreux !

LE CAPUCIN, *qui a dirigé sur Cyrano la clarté de sa lanterne.*
                          C'est vous ?

CHRISTIAN

                                        C'est moi !

LE CAPUCIN, *tournant la lumière vers lui, et, comme si un doute lui
venait, en voyant sa beauté.*

                                        Mais…

ROXANE, *vivement.*

                                        Post-scriptum :
« Donnez pour le couvent cent vingt pistoles. »

LE CAPUCIN

                                        Digne,

Digne seigneur !

                                        À Roxane.

                    Résignez-vous !

1. De mariage.
2. Empressement à obéir.

ROXANE, *en martyre.*

Je me résigne !

*Pendant que Ragueneau ouvre la porte au capucin
que Christian invite à entrer, elle dit bas à Cyrano :*

Vous, retenez ici de Guiche ! Il va venir !   1580

Qu'il n'entre pas tant que…

CYRANO

Compris !

Au capucin.

Pour les bénir

Il vous faut ?…

LE CAPUCIN

Un quart d'heure.

CYRANO, *les poussant tous vers la maison.*

Allez ! moi, je demeure !

ROXANE, *à Christian.*

Viens !…

Ils entrent.

■ Scène 12

CYRANO, *seul.*

CYRANO

Comment faire perdre à de Guiche un quart d'heure ?

Il se précipite sur le banc, grimpe au mur, vers le balcon.

Là !… grimpons !… J'ai mon plan !…

Les théorbes se mettent à jouer une phrase lugubre.

Ho ! c'est un homme !

Le trémolo[3] devient sinistre.

Ho !

Ho !

Cette fois, c'en est un !…

3. Tremblement des cordes.

Il est sur le balcon, il rabaisse son feutre sur ses yeux, ôte son épée, se drape dans sa cape, puis se penche et regarde au dehors.
Non, ce n'est pas trop haut !…

Il enjambe les balustres et attirant à lui la longue branche d'un des arbres qui débordent le mur du jardin, il s'y accroche des deux mains, prêt à se laisser tomber.
Je vais légèrement troubler cette atmosphère !…

■ Scène 13

CYRANO, DE GUICHE.

DE GUICHE, *qui entre, masqué, tâtonnant dans la nuit.*
Qu'est-ce que ce maudit capucin peut bien faire ?

CYRANO
Diable ! et ma voix ?… S'il la reconnaissait ?
          Lâchant d'une main, il a l'air de tourner une invisible clef.
                              Cric ! crac !
                                        Solennellement.
1590 Cyrano, reprenez l'accent de Bergerac !…

DE GUICHE, *regardant la maison.*
Oui, c'est là. J'y vois mal. Ce masque m'importune !
          Il va pour entrer, Cyrano saute du balcon en se tenant à la branche, qui plie, et le dépose entre la porte et de Guiche ; il feint de tomber lourdement, comme si c'était de très haut, et s'aplatit par terre, où il reste immobile, comme étourdi. De Guiche fait un bond en arrière.
Hein ? quoi ?

          Quand il lève les yeux, la branche s'est redressée ; il ne voit que le ciel ; il ne comprend pas.
D'où tombe donc cet homme ?

1. Son derrière.

CYRANO, *se mettant sur son séant*[1]*, et avec l'accent de Gascogne.*
                              De la lune !

DE GUICHE
De la ?...

CYRANO, *d'une voix de rêve.*
Quelle heure est-il ?

DE GUICHE
                    N'a-t-il plus sa raison ?

CYRANO
Quelle heure ? Quel pays ? Quel jour ? Quelle saison ?

DE GUICHE
Mais...

CYRANO
        Je suis étourdi !

DE GUICHE
                    Monsieur...

CYRANO
                            Comme une bombe
Je tombe de la lune !

DE GUICHE, *impatienté.*
                    Ah çà ! Monsieur !

CYRANO, *se relevant, d'une voix terrible.*
                            J'en tombe !

DE GUICHE, *reculant.*
Soit ! soit ! vous en tombez !... c'est peut-être un dément[2] !

CYRANO, *marchant sur lui.*
Et je n'en tombe pas métaphoriquement[3] !...

DE GUICHE
Mais...

CYRANO
        Il y a cent ans, ou bien une minute,
– J'ignore tout à fait ce que dura ma chute ! –
J'étais dans cette boule[4] à couleur de safran[5] !

? A votre Avis

Pourquoi Cyrano joue-t-il cette farce à de Guiche ?

❑ Pour se moquer de lui.
❑ Pour laisser le temps à Christian et Roxane de se marier.
❑ Pour montrer son imagination éblouissante.

2. Fou.
3. Au sens figuré.
4. La Lune.
1600 **5.** Jaune.

DE GUICHE, *haussant les épaules.*
Oui. Laissez-moi passer !

CYRANO, *s'interposant.*

Où suis-je ? Soyez franc !
Ne me déguisez rien ! En quel lieu, dans quel site,
Viens-je de choir[1], Monsieur, comme un aérolithe[2] ?

DE GUICHE
Morbleu !...

CYRANO

Tout en cheyant[3] je n'ai pu faire choix
De mon point d'arrivée, – et j'ignore où je chois !
Est-ce dans une lune ou bien dans une terre,
Que vient de m'entraîner le poids de mon postère[4] ?

DE GUICHE
Mais je vous dis, Monsieur...

CYRANO, *avec un cri de terreur qui fait reculer de Guiche.*

Ha ! grand Dieu !... je crois voir
1610 Qu'on a dans ce pays le visage tout noir !

DE GUICHE, *portant la main à son visage.*
Comment ?

CYRANO, *avec une peur emphatique.*
Suis-je en Alger ? Êtes-vous indigène ?...

DE GUICHE, *qui a senti son masque.*
Ce masque !...

CYRANO, *feignant[5] de se rassurer un peu.*
Je suis donc à Venise, ou dans Gêne[6] ?

DE GUICHE, *voulant passer.*
Une dame m'attend !...

CYRANO, *complètement rassuré.*
Je suis donc à Paris[7].

DE GUICHE, *souriant malgré lui.*
Le drôle est assez drôle !

1. Tomber.
2. Morceau de pierre tombé du ciel.
3. Tombant.
4. Mon postérieur.
5. Faisant semblant.
6. Villes italiennes fameuses pour leur carnaval.
7. Allusion à la proverbiale galanterie amoureuse des Français.

CYRANO

Ah ! vous riez ?

DE GUICHE

Je ris,

Mais veux passer !

CYRANO, *rayonnant.*

C'est à Paris que je retombe !

Tout à fait à son aise, riant, s'époussetant, saluant.

J'arrive – excusez-moi ! – par la dernière trombe[8].
Je suis un peu couvert d'éther[9]. J'ai voyagé !
J'ai les yeux tout remplis de poudre d'astres. J'ai
Aux éperons[10], encor, quelques poils de planète !

Cueillant quelque chose sur sa manche.

Tenez, sur mon pourpoint, un cheveu de comète !...

1620

Il souffle comme pour le faire envoler.

DE GUICHE, *hors de lui.*

Monsieur !...

CYRANO, *au moment où il va passer, tend sa jambe comme pour y montrer quelque chose et l'arrête.*

Dans mon mollet je rapporte une dent
De la Grande Ourse, – et comme, en frôlant le Trident,
Je voulais éviter une de ses trois lances,
Je suis allé tomber assis dans les Balances, –
Dont l'aiguille, à présent, là-haut, marque mon poids !

*Empêchant vivement de Guiche de passer
et le prenant à un bouton du pourpoint.*

Si vous serriez mon nez, Monsieur, entre vos doigts,
Il jaillirait du lait !

DE GUICHE

Hein ? du lait ?...

CYRANO

De la Voie

Lactée !...

8. Tornade.

9. Dans l'astronomie ancienne, air le plus pur des régions supérieures.

10. Pièces de métal aux talons des cavaliers.

DE GUICHE
     Oh ! par l'enfer !

CYRANO
          C'est le ciel qui m'envoie !
Se croisant les bras.
Non ! croiriez-vous, je viens de le voir en tombant,
1630 Que Sirius, la nuit, s'affuble[1] d'un turban ?

Confidentiel.
L'autre Ourse est trop petite encor pour qu'elle morde.

Riant.
J'ai traversé la Lyre en cassant une corde !

Superbe.
Mais je compte en un livre écrire tout ceci,
Et les étoiles d'or qu'en mon manteau roussi
Je viens de rapporter à mes périls et risques,
Quand on l'imprimera, serviront d'astérisques !

DE GUICHE
À la parfin[2], je veux…

CYRANO
          Vous, je vous vois venir !

DE GUICHE
Monsieur !

CYRANO
        Vous voudriez de ma bouche tenir
Comment la lune est faite, et si quelqu'un habite
1640 Dans la rotondité de cette cucurbite[3] ?

DE GUICHE, *criant.*
Mais non ! Je veux…

CYRANO
        Savoir comment j'y suis monté.
Ce fut par un moyen que j'avais inventé.

DE GUICHE, *découragé.*
C'est un fou !

1. Se déguise.
2. À la fin.
3. Partie inférieure ronde de l'alambic (vase servant à la distillation).

CYRANO, *dédaigneux.*

        Je n'ai pas refait l'aigle stupide
De Regiomontanus, ni le pigeon timide
D'Archytas ![4]…

DE GUICHE

            C'est un fou, – mais c'est un fou savant.

CYRANO

Non, je n'imitai rien de ce qu'on fit avant !

            De Guiche a réussi à passer et il marche vers la
            porte de Roxane. Cyrano le suit, prêt à l'empoigner.

J'inventai six moyens de violer l'azur vierge !

DE GUICHE, *se retournant.*

Six ?

CYRANO, *avec volubilité[5].*

    Je pouvais, mettant mon corps nu comme un cierge,
Le caparaçonner[6] de fioles de cristal
Toutes pleines des pleurs d'un ciel matutinal[7],
Et ma personne, alors, au soleil exposée,
L'astre l'aurait humée[8] en humant la rosée !

DE GUICHE, *surpris et faisant un pas vers Cyrano.*

Tiens ! Oui, cela fait un !

CYRANO, *reculant pour l'entraîner de l'autre côté.*

                Et je pouvais encor
Faire engouffrer du vent, pour prendre mon essor,
En raréfiant l'air dans un coffre de cèdre
Par des miroirs ardents[9], mis en icosaèdre[10] !

DE GUICHE, *fait encor un pas.*

Deux !

CYRANO, *reculant toujours.*

        Ou bien, machiniste autant qu'artificier,
Sur une sauterelle aux détentes d'acier,
Me faire, par des feux successifs de salpêtre[11],
Lancer dans les prés bleus[12] où les astres vont paître !

1650

1660

Cyrano auteur

Dans *L'Autre Monde ou Les États et Empires de la Lune* et *Des États et Empires du Soleil* (1657 et 1662), le véritable Cyrano expose ses idées philosophiques audacieuses à travers le récit d'aventures extraordinaires dans l'espace. Les moyens exposés aux vers 1648 à 1670 sont directement empruntés par Rostand aux romans de Cyrano de Bergerac. ■

4. Deux exemples d'oiseaux mécaniques.
5. Avec abondance et rapidité.
6. Le recouvrir.
7. Matinal.
8. Respirée.
9. Qui enflamment, grâce aux rayons du soleil.
10. Objet à vingt faces.
11. Poudre explosive.
12. Dans les cieux (métaphore précieuse).

DE GUICHE, *le suivant, sans s'en douter, et comptant sur ses doigts.*
Trois !

CYRANO
      Puisque la fumée a tendance à monter,
En souffler dans un globe assez pour m'emporter !

DE GUICHE, *même jeu, de plus en plus étonné.*
Quatre !

CYRANO
        Puisque Phœbé[1], quand son acte est le moindre[2],
Aime sucer, ô bœufs, votre moelle… m'en oindre[3] !

DE GUICHE, *stupéfait.*
Cinq !

CYRANO, *qui en parlant l'a amené jusqu'à l'autre côté de la place, près d'un banc.*
      Enfin, me plaçant sur un plateau de fer,
Prendre un morceau d'aimant et le lancer en l'air !
Ça, c'est un bon moyen : le fer se précipite,
Aussitôt que l'aimant s'envole, à sa poursuite ;
On relance l'aimant bien vite, et cadédis[4] !
1670 On peut monter ainsi indéfiniment.

DE GUICHE
                        Six !
– Mais voilà six moyens excellents !… Quel système
Choisîtes-vous des six, Monsieur ?

CYRANO
                     Un septième !

DE GUICHE
Par exemple ! Et lequel ?

CYRANO
                Je vous le donne en cent !…

DE GUICHE
C'est que ce mâtin-là[5] devient intéressant !

1. Déesse de la Lune (sœur de Phœbus le Soleil).
2. Quand son croissant est le plus mince.
3. M'en enduire.
4. Juron gascon.
5. Ce coquin-là.

CYRANO, *faisant le bruit des vagues avec de grands gestes mystérieux.*
Houüh ! houüh !

DE GUICHE

Eh bien !

CYRANO

Vous devinez ?

DE GUICHE

Non !

CYRANO

La marée !...

À l'heure où l'onde[6] par la lune est attirée,
Je me mis sur le sable – après un bain de mer –
Et la tête partant la première, mon cher,
– Car les cheveux, surtout, gardent l'eau dans leur frange ! –
Je m'enlevai dans l'air, droit, tout droit, comme un ange.
Je montais, je montais, doucement, sans efforts,
Quand je sentis un choc !... Alors...

DE GUICHE, *entraîné par la curiosité et s'asseyant sur le banc.*
Alors ?

CYRANO

Alors...
Reprenant sa voix naturelle.
Le quart d'heure est passé, Monsieur, je vous délivre :
Le mariage est fait.

DE GUICHE, *se relevant d'un bond.*
Çà, voyons, je suis ivre !...

Cette voix ?

*La porte de la maison s'ouvre, des laquais
paraissent portant des candélabres allumés.
Lumière. Cyrano ôte son chapeau au bord abaissé.*
Et ce nez !... Cyrano ?

1680

6. L'eau.

Cyrano, *saluant.*

Cyrano.
– Ils viennent à l'instant d'échanger leur anneau.

De Guiche
Qui cela ?

> *Il se retourne. – Tableau. Derrière les laquais, Roxane et*
> *Christian se tiennent par la main. Le capucin les suit*
> *en souriant. Ragueneau élève aussi un flambeau. La*
> *duègne ferme la marche, ahurie, en petit saut de lit[1].*
Ciel !

■ Scène 14

Les mêmes, Roxane, Christian, le Capucin,
Ragueneau, laquais, la Duègne.

De Guiche, *à Roxane.*
Vous !

> *Reconnaissant Christian avec stupeur.*
Lui ?

> *Saluant Roxane avec admiration.*
Vous êtes des plus fines !

> *À Cyrano.*

Mes compliments, Monsieur l'inventeur des machines :
Votre récit eût fait s'arrêter au portail
1690 Du paradis, un saint ! Notez-en le détail,
Car vraiment cela peut resservir dans un livre !

Cyrano, *s'inclinant.*
Monsieur, c'est un conseil que je m'engage à suivre.

Le capucin, *montrant les amants à de Guiche et hochant avec satis-*
faction sa grande barbe blanche.
Un beau couple, mon fils, réuni là par vous !

1. Peignoir féminin.

DE GUICHE, *le regardant d'un œil glacé.*
Oui.

À Roxane.

Veuillez dire adieu, Madame, à votre époux.

ROXANE
Comment ?

DE GUICHE, *à Christian.*
Le régiment déjà se met en route.
Joignez-le[2] !

ROXANE
Pour aller à la guerre ?

DE GUICHE
Sans doute[3] !

ROXANE
Mais, Monsieur, les cadets n'y vont pas !

DE GUICHE
Ils iront.
Tirant le papier qu'il avait mis dans sa poche.
Voici l'ordre.

À Christian.

Courez le porter, vous, baron.

ROXANE, *se jetant dans les bras de Christian.*
Christian !

DE GUICHE, *ricanant, à Cyrano.*
La nuit de noce est encore lointaine !

CYRANO, *à part.*
Dire qu'il croit me faire énormément de peine !

1700

CHRISTIAN, *à Roxane.*
Oh ! tes lèvres encor !

CYRANO
Allons, voyons, assez !

ACTE III, 14

2. Joignez-vous à lui.
3. Évidemment.

CHRISTIAN, *continuant à embrasser Roxane.*
C'est dur de la quitter... Tu ne sais pas...
CYRANO, *cherchant à l'entraîner.*

Je sais.

On entend au loin des tambours qui battent une marche.
DE GUICHE, *qui est remonté au fond[1].*
Le régiment qui part !
ROXANE, *à Cyrano, en retenant Christian qu'il essaye toujours d'entraîner.*

Oh !... je vous le confie !

Promettez-moi que rien ne va mettre sa vie
En danger !
CYRANO

J'essaierai... mais ne peux cependant
Promettre...
ROXANE, *même jeu.*

Promettez qu'il sera très prudent !

CYRANO
Oui, je tâcherai, mais...
ROXANE, *même jeu.*

Qu'à ce siège terrible

Il n'aura jamais froid !
CYRANO

Je ferai mon possible.

Mais...
ROXANE, *même jeu.*
Qu'il sera fidèle !

CYRANO

Eh oui ! sans doute, mais...

ROXANE, *même jeu.*
1710 Qu'il m'écrira souvent !
CYRANO, *s'arrêtant.*

Ça, – je vous le promets !

RIDEAU

1. Au fond de la scène.

En parcourant le pays de Tendre (scènes 1 à 5)

1 Quels indices montrent que du temps a passé entre l'acte II et l'acte III ?

2 Qu'essaie d'obtenir Roxane du comte de Guiche ? VOIR **?** PAGE 138

Un éloge de la préciosité (scène 1)

3 Que récite Roxane dans son dialogue avec Cyrano ? Quel mot revient dans chaque citation ? Montrez que ce langage est imagé et précieux.

4 Pourquoi peut-on parler de comique de situation au sujet de ce dialogue ? Appuyez-vous sur des exemples précis.

La ruse de Roxane (scène 2)

5 En quoi consiste la ruse de Roxane avec de Guiche ? À quels signes voit-on qu'elle réussit ? Pourquoi tout danger n'est-il cependant pas écarté ?

6 De quels talents Roxane fait-elle preuve pour convaincre de Guiche ?

La gaucherie de Christian (scènes 4 et 5)

7 Pourquoi Christian veut-il se passer de l'aide de Cyrano ? Comment celui-ci réagit-il ? Sur quel ton prononce-t-il la dernière réplique de la scène 4 ?

8 Par quels mots Christian déclare-t-il son amour à Roxane ? Pourquoi n'est-elle pas satisfaite ? Qu'attend-elle de lui ? Quelle image cette scène donne-t-elle de la jeune femme ?

Sous le balcon de Roxane (scènes 6 à 10)

1 Où les trois personnages de la scène 7 sont-ils situés les uns par rapport aux autres ?

2 Pourquoi Cyrano fait-il semblant d'arriver à la fin de la scène 10 ?
VOIR **?** PAGE 162

La reconquête de Roxane

3 Sur quels tons Roxane parle-t-elle des vers 1361 à 1389 ? Montrez qu'elle change aussi d'attitude. Pour quelle raison ?

4 Pourquoi Cyrano prend-il la place de Christian (v. 1376) ?

Le chant d'amour de Cyrano

5 Des vers 1400 à 1445, relevez les expressions où Cyrano se « trahit ». Quelle place occupe cette scène dans l'ensemble de la pièce ?

6 Des vers 1441 à 1477, Cyrano parle-t-il un langage précieux ? Observez les types de phrases, les rythmes, les répétitions. Comment Roxane réagit-elle ?

Le baiser de Roxane

7 Comment Christian amène-t-il et justifie-t-il sa demande d'un baiser ?

8 Pour quelles raisons Cyrano est-il d'abord réticent à l'idée du baiser ? Terminez sa phrase inachevée du vers 1504 : qu'est-ce qui le fait changer d'avis ?

De Guiche : un homme trompé (scènes 11 à 14)

1 Que fait le capucin dans la maison avec Roxane et Christian ?
VOIR 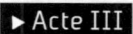 PAGE 167

2 Comment de Guiche se venge-t-il ?

Le mariage (scène 11)

3 Pour la seconde fois dans l'acte, Roxane se révèle fine comédienne : quelles qualités montre-t-elle ?

4 À quelle forme de comique appartient la scène 11 ?

L'homme tombé de la lune (scène 13)

5 Comment Cyrano prépare-t-il sa supercherie ? À quoi voit-on que de Guiche est de plus en plus fasciné par ce comédien conteur ?

6 L'imagination de Cyrano est-elle de nature scientifique ou poétique ? Citez quelques images employées par Cyrano. Quelle nouvelle facette la scène 13 ajoute-t-elle à la personnalité de Cyrano ?

De Guiche se venge (scène 14)

7 Sur quels tons de Guiche s'exprime-t-il pour parler à Cyrano puis à Christian ?

8 Que demande Roxane à Cyrano ? En quoi cette promesse de l'acte III est-elle plus dramatique que celle de l'acte II ? Comment la dernière réplique relance-t-elle la situation du trio principal ?

Du texte à l'image

Observez la photographie → voir dossier images p. III

1 Décrivez précisément le décor. Est-il fidèle aux indications de Rostand ? Quel effet le metteur en scène a-t-il pu rechercher ?

2 Observez la position des trois personnages : à quel passage de l'acte III correspond-elle ?

3 Décrivez l'attitude et l'expression de chacun des acteurs et montrez qu'elle est conforme à la situation du personnage à ce moment de la scène.

La scène du balcon, mise en scène de Pino Micol, Théâtre Dejazet, 1997.

À vous de jouer

Interprétez une scène

Si vous étiez metteur en scène, quels conseils de jeu donneriez-vous pour la scène 13 (attitudes du corps, jeux de physionomie, diction, etc.) à l'acteur qui joue Cyrano ?

Écrivez une tirade

Roxane raconte à l'une de ses amies, une précieuse, l'étrange panne d'inspiration dont a souffert Christian avant de miraculeusement retrouver son talent. Rédigez cette tirade sans oublier que Roxane ne sait rien du rôle joué par Cyrano.

Les cadets de Gascogne

Le poste qu'occupe la compagnie de Carbon de Castel-Jaloux au siège d'Arras.

Au fond, talus traversant toute la scène. Au-delà s'aperçoit un horizon de plaine : le pays couvert de travaux de siège. Les murs d'Arras et la silhouette de ses toits sur le ciel, très loin.

Tentes ; armes éparses ; tambours, etc. – Le jour va se lever. Jaune Orient[1]. – Sentinelles espacées. Feux.

Roulés dans leurs manteaux, les cadets de Gascogne dorment. Carbon de Castel-Jaloux et Le Bret veillent. Ils sont très pâles et très maigris. Christian dort, parmi les autres, dans sa cape, au premier plan, le visage éclairé par un feu. Silence.

■ Scène 1

CHRISTIAN, CARBON DE CASTEL-JALOUX, LE BRET, LES CADETS, *puis* CYRANO.

LE BRET
C'est affreux !

CARBON
　　　　　Oui, plus rien.

LE BRET
　　　　　　　Mordious[2] !

CARBON, *lui faisant signe de parler plus bas.*
　　　　　　　　　Jure en sourdine[3] !
Tu vas les réveiller.

　　　　　　　　　　　　Aux cadets.
　　　Chut ! Dormez !

　　　　　　　　　　　　　　À Le Bret.
　　　　　Qui dort dîne !

Le siège d'Arras

Capitale de l'Artois, au nord de la France, Arras était devenue, au XVIIe siècle, une possession espagnole. Louis XIII la conquit en 1640 après un siège de neuf jours. La ville fut définitivement rattachée au royaume de France par le traité des Pyrénées qui, en 1659, mit fin à la guerre de Trente Ans. ■

1. Couleur de soleil levant.
2. Juron gascon.
3. Tout bas.

LE BRET
Quand on a l'insomnie on trouve que c'est peu !
Quelle famine !

On entend au loin quelques coups de feu.

CARBON
Ah ! maugrébis des coups de feu[1] !...
Ils vont me réveiller mes enfants !

Aux cadets qui lèvent la tête.
Dormez !

On se recouche. Nouveaux coups de feu plus rapprochés.

UN CADET, *s'agitant.*

Diantre !

Encore ?

CARBON
Ce n'est rien ! C'est Cyrano qui rentre !

Les têtes qui s'étaient relevées se recouchent.

UNE SENTINELLE, *au dehors.*
Ventrebieu ! qui va là ?

LA VOIX DE CYRANO

Bergerac !

LA SENTINELLE, *qui est sur le talus.*

Ventrebieu !

Qui va là ?

CYRANO, *paraissant sur la crête.*
Bergerac, imbécile !

Il descend. Le Bret va au-devant de lui, inquiet.

LE BRET

Ah ! grand Dieu !

CYRANO, *lui faisant signe de ne réveiller personne.*
Chut !

LE BRET
Blessé ?

1. Maudits soient les coups de feu.

CYRANO

Tu sais bien qu'ils ont pris l'habitude
De me manquer tous les matins !   1720

LE BRET

C'est un peu rude,
Pour porter une lettre, à chaque jour levant,
De risquer !

CYRANO, *s'arrêtant devant Christian.*

J'ai promis qu'il écrirait souvent !

Il le regarde.

Il dort. Il est pâli. Si la pauvre petite
Savait qu'il meurt de faim… Mais toujours beau !

LE BRET

Va vite

Dormir !

CYRANO

Ne grogne pas, Le Bret !… Sache ceci :
Pour traverser les rangs espagnols, j'ai choisi
Un endroit où je sais, chaque nuit, qu'ils sont ivres.

LE BRET

Tu devrais bien un jour nous rapporter des vivres.

CYRANO

Il faut être léger pour passer ! – Mais je sais
Qu'il y aura ce soir du nouveau. Les Français   1730
Mangeront ou mourront, – si j'ai bien vu…

LE BRET

Raconte !

CYRANO

Non. Je ne suis pas sûr… vous verrez !…

CARBON

Quelle honte,

Lorsqu'on est assiégeant, d'être affamé !

LE BRET

                                        Hélas !
Rien de plus compliqué que ce siège d'Arras :
Nous assiégeons Arras, – nous-mêmes, pris au piège,
Le cardinal infant d'Espagne[1] nous assiège…

CYRANO

Quelqu'un devrait venir l'assiéger à son tour.

LE BRET

Je ne ris pas.

CYRANO

                Oh ! oh !

LE BRET

                        Penser que chaque jour
Vous risquez une vie, ingrat, comme la vôtre,
1740 Pour porter…

                                Le voyant qui se dirige vers une tente.

                Où vas-tu ?

CYRANO

                        J'en vais écrire une autre.
                                Il soulève la toile et disparaît.

■ Scène 2

LES MÊMES, *moins* CYRANO.

Le jour s'est un peu levé. Lueurs roses. La ville d'Arras se dore à l'horizon. On entend un coup de canon immédiatement suivi d'une batterie de tambours, très au loin, vers la gauche. D'autres tambours battent plus près. Les batteries vont se répondant, et se rapprochant, éclatent presque en scène et s'éloignent vers la droite, parcourant le camp. Rumeurs de réveil. Voix lointaines d'officiers.

CARBON, *avec un soupir.*
La diane[2] !… Hélas !

1. Ferdinand de Habsbourg (1609-1641), frère du roi d'Espagne et gouverneur des Pays-Bas espagnols.
2. La sonnerie militaire du réveil.

Les cadets s'agitent dans leurs manteaux, s'étirent.
Sommeil succulent[3], tu prends fin !…
Je sais trop quel sera leur premier cri !

UN CADET, *se mettant sur son séant.*

J'ai faim !

UN AUTRE
Je meurs !

TOUS

Oh !

CARBON

Levez-vous !

TROISIÈME CADET

Plus un pas !

QUATRIÈME CADET

Plus un geste !

LE PREMIER, *se regardant dans un morceau de cuirasse.*
Ma langue est jaune : l'air du temps est indigeste !

UN AUTRE
Mon tortil[4] de baron pour un peu de Chester[5] !

UN AUTRE
Moi, si l'on ne veut pas fournir à mon gaster[6]
De quoi m'élaborer une pinte[7] de chyle[8],
Je me retire sous ma tente, – comme Achille !

UN AUTRE
Oui, du pain !

CARBON, *allant à la tente où est entré Cyrano, à mi-voix.*
Cyrano !

D'AUTRES

Nous mourons !

De Richard III à Achille

Les deux cadets font de l'humour dans leur malheur. Le premier parodie le mot du roi d'Angleterre Richard III qui, à la bataille de Bosworth, en 1485, offrait avant de mourir son « royaume pour un cheval ». Le second se compare au héros grec Achille, dont la colère constitue le point de départ de l'épopée d'Homère, l'*Iliade*. ■

3. Savoureux.
4. Ruban entortillé autour d'une couronne sur les armoiries d'un baron.
5. Fromage.
6. Estomac (mot latin).
7. Mesure ancienne équivalant à un litre environ.
8. Suc digestif.

CARBON, *toujours à mi-voix, à la porte de la tente.*

Au secours !

1750 Toi qui sais si gaiement leur répliquer toujours,
Viens les ragaillardir[1] !

DEUXIÈME CADET, *se précipitant vers le premier qui mâchonne quelque chose.*

Qu'est-ce que tu grignotes ?

LE PREMIER
De l'étoupe à canon[2] que dans les bourguignotes[3]
On fait frire en la graisse à graisser les moyeux[4].
Les environs d'Arras sont très peu giboyeux[5] !

UN AUTRE, *entrant.*
Moi je viens de chasser !

UN AUTRE, *même jeu.*

J'ai pêché dans la Scarpe[6] !

TOUS, *debout, se ruant sur les deux nouveaux venus.*
Quoi ? – Que rapportez-vous ? – Un faisan ? – Une carpe ?
– Vite, vite, montrez !

LE PÊCHEUR

Un goujon[7] !

LE CHASSEUR

Un moineau !

TOUS, *exaspérés.*
Assez ! – Révoltons-nous !

CARBON

Au secours, Cyrano !
Il fait maintenant tout à fait jour.

1. Réconforter.
2. Du cordage pour faire les mèches à canon.
3. Casques de soldats.
4. Pièces centrales d'une roue.
5. Riches en gibier.
6. Rivière traversant Arras.
7. Petit poisson à friture.

■ Scène 3

LES MÊMES, CYRANO.

CYRANO, *sortant de sa tente, tranquille, une plume à l'oreille, un livre à la main.*
Hein ?

Silence. Au premier cadet.
Pourquoi t'en vas-tu, toi, de ce pas qui traîne ?

LE CADET
J'ai quelque chose, dans les talons, qui me gêne !...

1760

CYRANO
Et quoi donc ?

LE CADET
L'estomac[8] !

CYRANO
Moi de même, pardi !

LE CADET
Cela doit te gêner ?

CYRANO
Non, cela me grandit.

DEUXIÈME CADET
J'ai les dents longues !

CYRANO
Tu n'en mordras que plus large.

UN TROISIÈME
Mon ventre sonne creux !

CYRANO
Nous y battrons la charge[9].

UN AUTRE
Dans les oreilles, moi, j'ai des bourdonnements.

8. *Avoir l'estomac dans les talons* (expression) : être affamé.
9. Nous le frapperons comme un tambour pour donner le signal de l'attaque.

Éminence grise

Cyrano joue sur les mots. Au sens littéral, Richelieu (désigné par le titre honorifique d'*Éminence*, donné à un cardinal) viendrait enivrer (*griser*) les cadets. Mais on reconnaît l'expression d'*Éminence grise* par laquelle on désignait le Père Joseph, confident et conseiller secret de Richelieu. ■

1. *Ventre affamé n'a pas d'oreilles* (proverbe) : on n'écoute plus rien quand on a faim.
2. Casque de soldat, profond et arrondi.
3. Le cardinal de Richelieu.
4. Moine.
5. Tu attends (expression ancienne).
6. Plaisanterie spirituelle.

CYRANO
Non, non ; ventre affamé, pas d'oreilles[1] : tu mens !

UN AUTRE
Oh ! manger quelque chose, – à l'huile !

CYRANO, *le décoiffant et lui mettant son casque dans la main.*
                              Ta salade[2].

UN AUTRE
Qu'est-ce qu'on pourrait bien dévorer ?

CYRANO, *lui jetant le livre qu'il tient à la main.*
                              L'*Iliade*.

UN AUTRE
Le ministre[3], à Paris, fait ses quatre repas !

CYRANO
Il devrait t'envoyer du perdreau ?

LE MÊME

                              Pourquoi pas ?

Et du vin !

CYRANO

          Richelieu, du bourgogne, *if you please* ?

LE MÊME
Par quelque capucin[4] !

CYRANO

                              L'éminence qui grise ?

UN AUTRE
J'ai des faims d'ogre !

CYRANO

                    Eh ! bien !… tu croques le marmot[5] !

LE PREMIER CADET, *haussant les épaules.*
Toujours le mot, la pointe[6] !

CYRANO

Oui, la pointe, le mot !
Et je voudrais mourir, un soir, sous un ciel rose,
En faisant un bon mot, pour une belle cause !
– Oh ! frappé par la seule arme noble qui soit,
Et par un ennemi qu'on sait digne de soi,
Sur un gazon de gloire et loin d'un lit de fièvres,
Tomber la pointe au cœur[7] en même temps qu'aux lèvres !   1780

CRIS DE TOUS
J'ai faim !

CYRANO, *se croisant les bras.*

Ah çà ! mais vous ne pensez qu'à manger ?...
– Approche, Bertrandou le fifre[8], ancien berger ;
Du double étui de cuir tire l'un de tes fifres,
Souffle, et joue à ce tas de goinfres et de piffres[9]
Ces vieux airs du pays, au doux rythme obsesseur[10],
Dont chaque note est comme une petite sœur,
Dans lesquels restent pris des sons de voix aimées,
Ces airs dont la lenteur est celle des fumées
Que le hameau[11] natal exhale[12] de ses toits,
Ces airs dont la musique a l'air d'être un patois[13] !...   1790
Le vieux s'assied et prépare son fifre.
Que la flûte, aujourd'hui, guerrière qui s'afflige,
Se souvienne un moment, pendant que sur sa tige
Tes doigts semblent danser un menuet[14] d'oiseau,
Qu'avant d'être d'ébène, elle fut de roseau[15] ;
Que sa chanson l'étonne, et qu'elle y reconnaisse
L'âme de sa rustique[16] et paisible jeunesse !...
Le vieux commence à jouer des airs languedociens.
Écoutez, les Gascons... Ce n'est plus, sous ses doigts,
Le fifre aigu des camps, c'est la flûte des bois !
Ce n'est plus le sifflet du combat, sous ses lèvres,
C'est le lent galoubet[17] de nos meneurs de chèvres !...   1800
Écoutez... C'est le val, la lande, la forêt,
Le petit pâtre[18] brun sous son rouge béret,

7. La pointe de l'épée.
8. Joueur de fifre (petite flûte traversière en bois, en usage dans la musique militaire).
9. Gloutons.
10. Obsédant.
11. Petit village.
12. Souffle.
13. Une langue régionale.
14. Danse gracieuse et légère.
15. Qu'elle était à l'origine fabriquée en simple roseau, et non en bois dur et noble comme aujourd'hui.
16. Campagnarde.
17. Sorte de flûte à bec.
18. Berger.

C'est la verte douceur des soirs sur la Dordogne,
Écoutez, les Gascons : c'est toute la Gascogne !

> *Toutes les têtes se sont inclinées ; – tous les yeux rêvent ; – et des larmes sont furtivement [1] essuyées, avec un revers de manche, un coin de manteau.*

CARBON, *à Cyrano, bas.*
Mais tu les fais pleurer !

CYRANO

De nostalgie !... Un mal
Plus noble que la faim !... pas physique : moral !
J'aime que leur souffrance ait changé de viscère [2],
Et que ce soit leur cœur, maintenant, qui se serre !

CARBON
Tu vas les affaiblir en les attendrissant !

CYRANO, *qui a fait signe au tambour d'approcher.*
1810   Laisse donc ! Les héros qu'ils portent dans leur sang
Sont vite réveillés ! Il suffit...

> *Il fait un geste. Le tambour roule.*

TOUS, *se levant et se précipitant sur leurs armes.*
Hein ?... Quoi ?... Qu'est-ce ?

CYRANO, *souriant.*
Tu vois, il a suffi d'un roulement de caisse [3] !
Adieu, rêves, regrets, vieille province, amour...
Ce qui du fifre vient s'en va par le tambour !

UN CADET, *qui regarde au fond.*
Ah ! Ah ! Voici monsieur de Guiche !

TOUS LES CADETS, *murmurant.*
Hou...

CYRANO, *souriant.*

Murmure

Flatteur !

UN CADET
Il nous ennuie !

1. Discrètement.
2. D'organe.
3. Tambour.

Un autre
                    Avec, sur son armure,
Son grand col de dentelle, il vient faire le fier !

Un autre
Comme si l'on portait du linge sur du fer !

Le premier
C'est bon lorsque à son cou l'on a quelque furoncle[4] !

Le deuxième
Encore un courtisan !

1820

Un autre
                    Le neveu de son oncle[5] !

Carbon
C'est un Gascon pourtant !

Le premier
                    Un faux !... Méfiez-vous !
Parce que, les Gascons... ils doivent être fous :
Rien de plus dangereux qu'un Gascon raisonnable.

Le Bret
Il est pâle !

Un autre
        Il a faim... autant qu'un pauvre diable !
Mais comme sa cuirasse a des clous de vermeil[6],
Sa crampe d'estomac[7] étincelle au soleil !

Cyrano, *vivement.*
N'ayons pas l'air non plus de souffrir ! Vous, vos cartes,
Vos pipes et vos dés...

                Tous rapidement se mettent à jouer sur des tam-
                bours, sur des escabeaux et par terre, sur leurs man-
                teaux, et ils allument de longues pipes de pétun[8].
                    Et moi, je lis Descartes.
        Il se promène de long en large et lit dans un petit livre qu'il a
        tiré de sa poche. – Tableau. – De Guiche entre. Tout le monde
        a l'air absorbé et content. Il est très pâle. Il va vers Carbon.

4. Gros bouton infecté,
très douloureux.
5. De Richelieu (voir Acte I,
sc. 2, v. 130-131).
6. D'argent recouvert d'or.
7. Son mal de ventre causé
par la faim.
8. Tabac.

■ Scène 4

LES MÊMES, DE GUICHE.

DE GUICHE, *à Carbon.*
Ah ! – Bonjour !

> *Ils s'observent tous les deux. À part, avec satisfaction.*
> Il est vert[1].

CARBON, *de même.*

> Il n'a plus que les yeux[2].

DE GUICHE, *regardant les cadets.*
1830 Voici donc les mauvaises têtes ?... Oui, messieurs,
Il me revient de tous côtés qu'on me brocarde[3]
Chez vous, que les cadets, noblesse montagnarde,
Hobereaux[4] béarnais, barons périgourdins[5],
N'ont pour leur colonel pas assez de dédain,
M'appellent intrigant, courtisan, – qu'il[6] les gêne
De voir sur ma cuirasse un col au point de Gêne[7],–
Et qu'ils ne cessent pas de s'indigner entre eux
Qu'on puisse être Gascon et ne pas être gueux[8] !

> *Silence. On joue. On fume.*

Vous ferai-je punir par votre capitaine ?
1840 Non.

CARBON

> D'ailleurs, je suis libre et n'inflige de peine...

DE GUICHE
Ah ?

CARBON

> J'ai payé ma compagnie, elle est à moi.
Je n'obéis qu'aux ordres de guerre.

DE GUICHE

> Ah ?... Ma foi !

---

1. Il a un teint verdâtre.
2. Ses yeux ressortent tant son visage est amaigri.
3. Qu'on se moque de moi.
4. Gentilshommes campagnards.
5. Du Périgord.
6. Que cela.
7. Un col de dentelle.
8. Misérable.

Cela suffit.

> *S'adressant aux cadets.*

> Je peux mépriser vos bravades.
On connaît ma façon d'aller aux mousquetades[9] ;
Hier, à Bapaume[10], on vit la furie avec quoi[11]
J'ai fait lâcher le pied au comte[12] de Bucquoi ;
Ramenant sur ses gens les miens en avalanche,
J'ai chargé par trois fois !

CYRANO, *sans lever le nez de son livre.*

> Et votre écharpe blanche ?

DE GUICHE, *surpris et satisfait.*

Vous savez ce détail ?… En effet, il advint,
Durant que[13] je faisais ma caracole[14] afin
De rassembler mes gens pour la troisième charge,
Qu'un remous[15] de fuyards m'entraîna sur la marge
Des ennemis ; j'étais en danger qu'on me prît
Et qu'on m'arquebusât[16], quand j'eus le bon esprit
De dénouer et de laisser couler à terre
L'écharpe qui disait mon grade militaire ;
En sorte que je pus, sans attirer les yeux,
Quitter les Espagnols, et revenant sur eux,
Suivi de tous les miens réconfortés, les battre !
– Eh bien ! que dites-vous de ce trait[17] ?

> *Les cadets n'ont pas l'air d'écouter ; mais ici les cartes et les cornets à dés restent en l'air, la fumée des pipes demeure dans les joues : attente.*

CYRANO

> Qu'Henri quatre
N'eût jamais consenti, le nombre l'accablant[18],
À se diminuer de son panache blanc.

> *Joie silencieuse. Les cartes s'abattent. Les dés tombent. La fumée s'échappe.*

ACTE IV, 4

Panache blanc

Le 14 mars 1590, Henri IV livra une bataille décisive à Ivry contre les troupes catholiques de la Ligue et du roi d'Espagne. Face à des ennemis bien supérieurs en nombre, il cria à ses hommes : « Ralliez-vous à mon panache blanc, vous le trouverez toujours au chemin de l'honneur et de la victoire ! » Le panache, faisceau de plumes ornant une coiffure, désigne depuis une bravoure pleine de défi. Dernier mot de la pièce, il est l'emblème de Cyrano.■

1850

1860

9. D'affronter les tirs de fusils (mousquets).
10. Ville à 22 km d'Arras.
11. Le vif courage avec lequel.
12. J'ai fait céder le comte.
13. Pendant que.
14. Manœuvre à cheval.
15. Mouvement.
16. Qu'on me tire dessus.
17. Cette action d'éclat.
18. Même écrasé par le nombre.

DE GUICHE

L'adresse a réussi, cependant !

Même attente suspendant les jeux et les pipes.

CYRANO

C'est possible.
Mais on n'abdique pas[1] l'honneur d'être une cible.

*Cartes, dés, fumées, s'abattent, tombent,
s'envolent avec une satisfaction croissante.*

Si j'eusse été[2] présent quand l'écharpe coula
– Nos courages, monsieur, diffèrent en cela –
Je l'aurais ramassée et me la serais mise.

DE GUICHE

Oui, vantardise, encor, de gascon !

CYRANO

Vantardise ?...
Prêtez-là moi. Je m'offre à[3] monter, dès ce soir,
À l'assaut, le premier, avec elle en sautoir[4].

1870

DE GUICHE

Offre encor de gascon ! Vous savez que l'écharpe
Resta chez l'ennemi, sur les bords de la Scarpe,
En un lieu que depuis la mitraille cribla[5], –
Où nul ne peut aller la chercher !

CYRANO, *tirant de sa poche l'écharpe blanche et la lui tendant.*

La voilà.

*Silence. Les cadets étouffent leurs rires dans les cartes et dans
les cornets à dés. De Guiche se retourne, les regarde : immédiatement ils reprennent leur gravité, leurs jeux ; l'un d'eux
sifflote avec indifférence l'air montagnard joué par le fifre.*

DE GUICHE, *prenant l'écharpe.*

Merci. Je vais, avec ce bout d'étoffe claire,
Pouvoir faire un signal, – que j'hésitais à faire.

Il va au talus, y grimpe, et agite plusieurs fois l'écharpe en l'air.

1. On ne renonce pas à.
2. Si j'avais été.
3. Je me propose de.
4. En écharpe.
5. Trouva.

TOUS
Hein !

LA SENTINELLE, *en haut du talus.*
    Cet homme, là-bas, qui se sauve en courant !...

DE GUICHE, *redescendant.*
C'est un faux espion espagnol. Il nous rend
De grands services. Les renseignements qu'il porte
Aux ennemis sont ceux que je lui donne, en sorte   1880
Que l'on peut influer sur[6] leurs décisions.

CYRANO
C'est un gredin[7] !

DE GUICHE, *se nouant nonchalamment son écharpe.*
                C'est très commode. Nous disions ?...
– Ah !... J'allais vous apprendre un fait. Cette nuit même,
Pour nous ravitailler, tentant un coup suprême,
Le maréchal s'en fut vers Dourlens, sans tambours ;
Les vivandiers[8] du Roi sont là ; par les labours[9]
Il les joindra ; mais pour revenir sans encombre,
Il a pris avec lui des troupes en tel nombre[10]
Que l'on aurait beau jeu, certe, en nous attaquant[11] :
La moitié de l'armée est absente du camp !   1890

CARBON
Oui, si les Espagnols savaient, ce serait grave.
Mais ils ne savent pas ce départ ?

DE GUICHE

                    Ils le savent.

Ils vont nous attaquer.

CARBON

                Ah !

DE GUICHE

                Mon faux espion
M'est venu prévenir de leur agression.
Il ajouta : « J'en peux déterminer la place ;

6. Influencer.
7. Une crapule.
8. Marchands qui suivaient les armées pour vendre aux soldats nourriture et boisson.
9. Champs labourés.
10. En si petit nombre.
11. Que ce serait facile de nous attaquer.

Sur quel point voulez-vous que l'attaque se fasse ?
Je dirai que de tous c'est le moins défendu,
Et l'effort portera sur lui. » – J'ai répondu :
« C'est bon. Sortez du camp. Suivez des yeux la ligne :
1900   Ce sera sur le point d'où je vous ferai signe. »

CARBON, *aux cadets.*
Messieurs, préparez-vous !
                    Tous se lèvent. Bruit d'épées et de ceinturons qu'on boucle.

DE GUICHE

                              C'est dans une heure.

PREMIER CADET

                                                  Ah !... bien !...
                    Ils se rasseyent tous. On reprend la partie interrompue.

DE GUICHE, *à Carbon.*
Il faut gagner du temps. Le maréchal revient.

CARBON
Et pour gagner du temps ?

DE GUICHE

                              Vous aurez l'obligeance[1]
De vous faire tuer.

CYRANO

                    Ah ! voilà la vengeance ?

DE GUICHE
Je ne prétendrai pas que si je vous aimais
Je vous eusse choisis[2] vous et les vôtres, mais,
Comme à votre bravoure on n'en compare aucune,
C'est mon Roi que je sers en servant ma rancune.

CYRANO, *saluant.*
Souffrez que je vous sois, monsieur, reconnaissant.

DE GUICHE, *saluant.*
1910   Je sais que vous aimez vous battre un contre cent.

1. La politesse, l'amabilité.
2. Aurais choisis.

Vous ne vous plaindrez pas de manquer de besogne.

> *Il remonte[3], avec Carbon.*

CYRANO, *aux cadets.*
Eh bien donc ! nous allons au blason de Gascogne,
Qui porte six chevrons[4], messieurs, d'azur et d'or[5],
Joindre un chevron de sang qui lui manquait encor !

> *De Guiche cause bas avec Carbon de Castel-Jaloux, au
> fond. On donne des ordres. La résistance se prépare. Cyrano
> va vers Christian qui est resté immobile, les bras croisés.*

CYRANO, *lui mettant la main sur l'épaule.*
Christian ?

CHRISTIAN, *secouant la tête.*
> Roxane !

CYRANO
> Hélas !

CHRISTIAN
> Au moins, je voudrais mettre
Tout l'adieu de mon cœur dans une belle lettre !…

CYRANO
Je me doutais que ce serait pour aujourd'hui.

> *Il tire un billet de son pourpoint.*

Et j'ai fait tes adieux.

CHRISTIAN
> Montre !…

CYRANO
> Tu veux ?…

CHRISTIAN, *lui prenant la lettre.*
> Mais oui !
> *Il l'ouvre, lit et s'arrête.*

Tiens !…

CYRANO
> Quoi ?

3. Il se dirige vers le fond de la scène.
4. Motifs en forme de V renversé.
5. Bleu et doré, couleurs typiques des armoiries.

CHRISTIAN

Ce petit rond ?…

CYRANO, *reprenant la lettre vivement, et regardant d'un air naïf.*

Un rond ?…

CHRISTIAN

C'est une larme !

CYRANO

1920 Oui… Poète[1], on se prend à son jeu, c'est le charme !…
Tu comprends… ce billet, – c'était très émouvant :
Je me suis fait pleurer moi-même en l'écrivant.

CHRISTIAN

Pleurer ?…

CYRANO

Oui… parce que… mourir n'est pas terrible.
Mais… ne plus la revoir jamais… voilà l'horrible !
Car enfin je ne la…

Christian le regarde.

nous ne la…

Vivement.

tu ne la…

CHRISTIAN, *lui arrachant la lettre.*

Donne-moi ce billet !

On entend une rumeur, au loin, dans le camp.

LA VOIX D'UNE SENTINELLE

Ventrebieu, qui va là ?

Coups de feu. Bruits de voix. Grelots.

CARBON

Qu'est-ce ?…

LA SENTINELLE, *qui est sur le talus.*

Un carrosse !

On se précipite pour voir.

1. Quand on est poète.

CRIS

Quoi ? Dans le camp ? – Il y entre !
– Il a l'air de venir de chez l'ennemi ! – Diantre !
Tirez ! – Non ! le cocher a crié ! – Crié quoi ?
– Il a crié : Service du Roi !

1930

*Tout le monde est sur le talus et regarde
au dehors. Les grelots se rapprochent.*

DE GUICHE

Hein ? Du Roi !...
On redescend, on s'aligne.

CARBON

Chapeau bas, tous !

DE GUICHE, *à la cantonade.*

Du Roi ! – Rangez-vous, vile tourbe[2],
Pour qu'il puisse décrire avec pompe[3] sa courbe !

*Le carrosse entre au grand trot. Il est couvert
de boue et de poussière. Les rideaux sont
tirés. Deux laquais derrière. Il s'arrête net.*

CARBON, *criant.*

Battez aux champs[4] !

Roulement de tambours. Tous les cadets se découvrent.

DE GUICHE

Baissez le marchepied !
Deux hommes se précipitent. La portière s'ouvre.

ROXANE, *sautant du carrosse.*

Bonjour !
*Le son d'une voix de femme relève d'un seul coup
tout ce monde profondément incliné. – Stupeur.*

---

2. Boue ignoble.
3. Avec cérémonie.
4. Ordre donné
   aux tambours.

■ Scène 5

LES MÊMES, ROXANE.

DE GUICHE
Service du Roi ! Vous ?

ROXANE

Mais du seul roi, l'Amour !

CYRANO
Ah ! grand Dieu !

CHRISTIAN

Vous ! Pourquoi ?

ROXANE

C'était trop long, ce siège !

CHRISTIAN
Pourquoi ?…

ROXANE

Je te dirai !

CYRANO, *qui, au son de sa voix, est resté cloué immobile, sans oser tourner les yeux vers elle.*

Dieu ! La regarderai-je ?

DE GUICHE
Vous ne pouvez rester ici !

ROXANE, *gaiement.*

Mais si ! mais si !
Voulez-vous m'avancer un tambour ?…

Elle s'assied sur un tambour qu'on avance.

Là, merci !

Elle rit.

On a tiré sur mon carrosse !

Fièrement.

Une patrouille !
– Il a l'air d'être fait avec une citrouille,
N'est-ce pas ? comme dans le conte[1], et les laquais
Avec des rats.

Envoyant des lèvres un baiser à Christian.

Bonjour !

Les regardant tous.

Vous n'avez pas l'air gais !
– Savez-vous que c'est loin, Arras ?

Apercevant Cyrano.

Cousin, charmée !

CYRANO, *s'avançant.*
Ah çà ! comment ?…

ROXANE

Comment j'ai retrouvé l'armée ?
Oh ! mon Dieu, mon ami, mais c'est tout simple : j'ai
Marché tant que j'ai vu le pays ravagé.
Ah ! ces horreurs, il a fallu que je les visse[2]
Pour y croire ! Messieurs, si c'est là le service
De votre Roi, le mien vaut mieux !

CYRANO

Voyons, c'est fou !
Par où diable avez-vous bien pu passer ?

ROXANE

Par où ?

Par chez les Espagnols.

PREMIER CADET

Ah ! qu'elles sont malignes !

DE GUICHE
Comment avez-vous fait pour traverser leurs lignes ?

LE BRET
Cela dut être très difficile !…

1. *Cendrillon.*
2. Que je les voie.

ROXANE

Pas trop.
J'ai simplement passé dans mon carrosse, au trot.
Si quelque hidalgo[1] montrait sa mine altière[2],
Je mettais mon plus beau sourire à la portière,
Et ces messieurs étant, n'en déplaise aux Français,
Les plus galantes gens du monde, – je passais !

CARBON

Oui, c'est un passeport, certes, que ce sourire !
1960 Mais on a fréquemment dû vous sommer[3] de dire
Où vous alliez ainsi, madame ?

ROXANE

Fréquemment.
Alors je répondais : « Je vais voir mon amant. »
– Aussitôt l'Espagnol à l'air le plus féroce
Refermait gravement la porte du carrosse,
D'un geste de la main à faire envie au Roi
Relevait les mousquets déjà braqués sur moi,
Et superbe de grâce, à la fois, et de morgue[4],
L'ergot[5] tendu sous la dentelle en tuyau d'orgue[6],
Le feutre[7] au vent pour que la plume palpitât,
1970 S'inclinait en disant : « Passez, señorita ! »

CHRISTIAN

Mais, Roxane…

ROXANE

J'ai dit : mon amant, oui… pardonne !
Tu comprends, si j'avais dit : mon mari, personne
Ne m'eût[8] laissé passer !

CHRISTIAN

Mais…

ROXANE

Qu'avez-vous ?

1. Noble espagnol.
2. Orgueilleuse.
3. Ordonner.
4. D'arrogance.
5. L'ongle pointu derrière la patte du coq, image de la fierté agressive.
6. Confusion amusante entre les tuyaux de la dentelle et ceux de l'orgue.
7. Le chapeau en feutre.
8. Ne m'aurait.

DE GUICHE

Il faut

Vous en aller d'ici !

ROXANE

Moi ?

CYRANO

Bien vite !

LE BRET

Au plus tôt !

CHRISTIAN
Oui !

ROXANE
Mais comment ?

CHRISTIAN, *embarrassé.*

C'est que…

CYRANO, *de même.*

Dans trois quarts d'heure…

DE GUICHE, *de même.*

… ou quatre…

CARBON, *de même.*
Il vaut mieux…

LE BRET, *de même.*
Vous pourriez…

ROXANE

Je reste. On va se battre.

TOUS
Oh ! non !

ROXANE

C'est mon mari !
Elle se jette dans les bras de Christian.
Qu'on me tue avec toi !

? A votre Avis

Roxane doit vite repartir car :

☐ Elle trouble les soldats.
☐ Ce n'est pas la place d'une femme.
☐ Elle est en danger.

CHRISTIAN
Mais quels yeux vous avez !

ROXANE

Je te dirai pourquoi !

DE GUICHE, *désespéré.*
C'est un poste terrible !

ROXANE, *se retournant.*

Hein ! terrible ?

CYRANO

Et la preuve

1980   C'est qu'il nous l'a donné !

ROXANE, *à de Guiche.*

Ah ! vous me vouliez veuve ?[1]

DE GUICHE
Oh ! je vous jure !...

ROXANE

Non ! Je suis folle à présent !
Et je ne m'en vais plus !... D'ailleurs, c'est amusant.

CYRANO
Eh quoi ! la précieuse était une héroïne ?

ROXANE
Monsieur de Bergerac, je suis votre cousine.

UN CADET
Nous vous défendrons bien !

ROXANE, *enfiévrée de plus en plus*[2].

Je le crois, mes amis !

UN AUTRE, *avec enivrement.*
Tout le camp sent l'iris[3] !

ROXANE

Et j'ai justement mis

1. Vous vouliez que je sois veuve ?
2. De plus en plus excitée.
3. Fleur odorante, entrant dans la composition des parfums.

Un chapeau qui fera très bien dans la bataille !...

Regardant de Guiche.

Mais peut-être est-il temps que le comte s'en aille :
On pourrait commencer.

DE GUICHE

Ah ! c'en est trop ! Je vais
Inspecter mes canons, et reviens… Vous avez
Le temps encor : changez d'avis !

1990

ROXANE

Jamais !

De Guiche sort.

■ Scène 6

LES MÊMES, *moins* DE GUICHE.

CHRISTIAN, *suppliant.*

Roxane !...

ROXANE
Non !

PREMIER CADET, *aux autres.*
Elle reste !

TOUS, *se précipitant, se bousculant, s'astiquant.*
Un peigne ! – Un savon ! – Ma basane[4]
Est trouée : une aiguille ! – Un ruban ! – Ton miroir ! –
Mes manchettes[5] ! – Ton fer à moustache[6] ! – Un rasoir !

ROXANE, *à Cyrano qui la supplie encore.*
Non ! rien ne me fera bouger de cette place !

CARBON, *après s'être, comme les autres, sanglé[7], épousseté, avoir brossé son chapeau, redressé sa plume et tiré ses manchettes, s'avance vers Roxane, et cérémonieusement.*
Peut-être siérait-il que je vous présentasse[8],

4. Peau très souple garnissant un pantalon de cavalier.
5. Garnitures fixées au bas des manches.
6. Fer pour friser les moustaches.
7. Après avoir resserré son vêtement.
8. Peut-être conviendrait-il que je vous présente.

Puisqu'il en est ainsi, quelques de ces messieurs
Qui vont avoir l'honneur de mourir sous vos yeux.

*Roxane s'incline et elle attend, debout
au bras de Christian. Carbon présente.*

Baron de Peyrescous de Colignac !

LE CADET, *saluant.*

Madame…

CARBON, *continuant.*

2000 Baron de Casterac de Cahuzac. – Vidame
De Malgoyre Estressac Lésbas d'Escarabiot. –
Chevalier d'Antignac-Juzet. – Baron Hillot
De Blagnac-Saléchan de Castel-Crabioules…

ROXANE

Mais combien avez-vous de noms chacun ?

LE BARON HILLOT

Des foules !

CARBON, *à Roxane.*

Ouvrez la main qui tient votre mouchoir.

ROXANE *ouvre la main et le mouchoir tombe.*

Pourquoi ?

*Toute la compagnie fait le mouve-
ment de s'élancer pour le ramasser.*

CARBON, *le ramassant vivement.*

Ma compagnie était sans drapeau ! Mais ma foi,
C'est le plus beau du camp qui flottera sur elle !

Roxane, *souriant.*

Il est un peu petit.

CARBON, *attachant le mouchoir à la hampe[1] de sa lance de capitaine.*

Mais il est en dentelle !

UN CADET, *aux autres.*

Je mourrais sans regrets ayant vu ce minois[2],

2010 Si j'avais seulement dans le ventre une noix !…

1. Au manche.
2. Joli visage.

CARBON, *qui l'a entendu, indigné.*
Fi ! parler de manger lorsqu'une exquise femme !…

ROXANE
Mais l'air du camp est vif et, moi-même, m'affame :
Pâtés, chauds-froids[3], vins fins : – mon menu, le voilà !
– Voulez-vous m'apporter tout cela !

Consternation.

UN CADET

Tout cela !

UN AUTRE
Où le prendrions-nous, grand Dieu ?

ROXANE, *tranquillement.*

Dans mon carrosse.

TOUS
Hein ?…

ROXANE

Mais il faut qu'on serve et découpe, et désosse !
Regardez mon cocher d'un peu plus près messieurs,
Et vous reconnaîtrez un homme précieux :
Chaque sauce sera, si l'on veut, réchauffée !

LES CADETS, *se ruant vers le carrosse.*
C'est Ragueneau !

2080

Acclamation.

Oh ! Oh !

ROXANE, *les suivant des yeux.*

Pauvres gens !

CYRANO, *lui baisant la main.*

Bonne fée !

RAGUENEAU, *debout sur le siège comme un charlatan[4] en place publique.*
Messieurs !…

Enthousiasme.

3. Volailles servies en gelée.
4. Vendeur ambulant.

LES CADETS

Bravo ! Bravo !

RAGUENEAU

Les Espagnols n'ont pas,
Quand passaient tant d'appas[1], vu passer le repas !

Applaudissements.

CYRANO, *bas à Christian.*
Hum ! hum ! Christian !

RAGUENEAU

Distraits par la galanterie
Ils n'ont pas vu...

Il tire de son siège un plat qu'il élève.
la galantine[2] !...

Applaudissements. La galantine passe de mains en mains.

CYRANO, *bas à Christian.*

Je t'en prie,
Un seul mot !...

RAGUENEAU

Et Vénus[3] sut occuper leur œil
Pour que Diane[4], en secret, pût passer...

Il brandit un gigot.
son chevreuil !

Enthousiasme. Le gigot est saisi par vingt mains tendues.

CYRANO, *bas à Christian.*
Je voudrais te parler !

ROXANE, *aux cadets qui redescendent, les bras chargés de victuailles[5].*
Posez cela par terre !

*Elle met le couvert sur l'herbe, aidée des deux laquais
imperturbables qui étaient derrière le carrosse.*

ROXANE, *à Christian, au moment où Cyrano allait l'entraîner à part.*
Vous, rendez-vous utile !

Christian vient l'aider. Mouvement d'inquiétude de Cyrano.

1. De charmes féminins.
2. Sorte de charcuterie.
3. Déesse de l'Amour.
4. Déesse de la Chasse.
5. Provisions.

RAGUENEAU

Un paon truffé[6] !

PREMIER CADET, *épanoui, qui descend en coupant une large tranche de jambon.*

Tonnerre !
Nous n'aurons pas couru notre dernier hasard[7]
Sans faire un gueuleton…

Se reprenant vivement en voyant Roxane.
pardon ! un balthazar[8] !

RAGUENEAU, *lançant les coussins du carrosse.*
Les coussins sont remplis d'ortolans[9] !

Tumulte. On éventre[10] les coussins. Rire. Joie.

TROISIÈME CADET

Ah ! Viédaze[11] !

RAGUENEAU, *lançant des flacons de vin rouge.*
Des flacons de rubis[12] !…

De vin blanc.
Des flacons de topaze[13] !

ROXANE, *jetant une nappe pliée à la figure de Cyrano.*
Défaites cette nappe !… Eh ! hop ! Soyez léger !

RAGUENEAU, *brandissant une lanterne arrachée.*
Chaque lanterne est un petit garde-manger !

CYRANO, *bas à Christian, pendant qu'ils arrangent la nappe ensemble.*
Il faut que je te parle avant que tu lui parles !

RAGUENEAU, *de plus en plus lyrique.*
Le manche de mon fouet est un saucisson d'Arles !

ROXANE, *versant du vin, servant.*
Puisqu'on nous fait tuer, morbleu ! nous nous moquons
Du reste de l'armée ! – Oui ! tout pour les Gascons ! –
Et si de Guiche vient, personne ne l'invite !

Allant de l'un à l'autre.

2030

6. Garni de truffes.
7. Nous n'aurons pas affronté la mort.
8. Repas somptueux (terme élégant pour gueuleton).
9. Petits oiseaux à chair très estimée.
10. On crève.
11. Imbécile (apostrophe non injurieuse en provençal).
12. Pierre précieuse d'un rouge sombre.
13. Pierre fine d'un blanc doré.

2040 Là, vous avez le temps. – Ne mangez pas si vite ! –
Buvez un peu. – Pourquoi pleurez-vous ?

PREMIER CADET

C'est trop bon !

ROXANE

Chut ! – Rouge ou blanc ? – Du pain pour monsieur de Carbon !
– Un couteau ! – Votre assiette ! – Un peu de croûte ? – Encore ?
– Je vous sers ! – Du bourgogne ? – Une aile ?

CYRANO, *qui la suit, les bras chargés de plats, l'aidant à servir.*

Je l'adore !

ROXANE, *allant à Christian.*
Vous ?

CHRISTIAN

Rien.

ROXANE

Si ! ce biscuit, dans du muscat[1]... deux doigts !

CHRISTIAN, *essayant de la retenir.*
Oh ! dites-moi pourquoi vous vîntes ?

ROXANE

Je me dois
À ces malheureux... Chut ! Tout à l'heure !...

LE BRET, *qui était remonté au fond, pour passer, au bout d'une
lance, un pain à la sentinelle du talus.*

De Guiche !

CYRANO

Vite, cachez flacon, plat, terrine, bourriche[2] !
Hop ! – N'ayons l'air de rien !...

À Ragueneau.

Toi, remonte d'un bond

2050 Sur ton siège ! – Tout est caché ?...

*En un clin d'œil tout a été repoussé dans les tentes, ou caché sous
les vêtements, sous les manteaux, dans les feutres. – De Guiche
entre vivement, – et s'arrête, tout d'un coup, reniflant. – Silence.*

1. Vin liquoreux.
2. Long panier à victuailles.

LES MÊMES, DE GUICHE.

DE GUICHE

Cela sent bon.

UN CADET, *chantonnant d'un air détaché.*
To lo lo !…

DE GUICHE, *s'arrêtant et le regardant.*
Qu'avez-vous, vous ?… Vous êtes tout rouge !

LE CADET
Moi ?… Mais rien. C'est le sang. On va se battre : il bouge !

UN AUTRE
Poum… poum… poum…

DE GUICHE, *se retournant.*
Qu'est cela ?

LE CADET, *légèrement gris.*
Rien ! C'est une chanson !
Une petite…

DE GUICHE
Vous êtes gai, mon garçon !

LE CADET
L'approche du danger !

DE GUICHE, *appelant Carbon de Castel-Jaloux, pour donner un ordre.*
Capitaine ! je…
Il s'arrête en le voyant.
Peste !

Vous avez bonne mine aussi !

CARBON, *cramoisi, et cachant une bouteille derrière son dos, avec un geste évasif.*
Oh !…

DE GUICHE

Il me reste

Un canon que j'ai fait porter…

Il montre un endroit dans la coulisse.

là, dans ce coin,

Et vos hommes pourront s'en servir au besoin.

UN CADET, *se dandinant.*
Charmante attention !

UN AUTRE, *lui souriant gracieusement.*

Douce sollicitude[1] !

DE GUICHE

2060 Ah çà ! mais ils sont fous ! –

Sèchement.

N'ayant pas l'habitude

Du canon, prenez garde au recul[2].

LE PREMIER CADET

Ah ! pfftt !

DE GUICHE, *allant à lui, furieux.*

Mais !…

LE CADET
Le canon des Gascons ne recule jamais !

DE GUICHE, *le prenant par le bras et le secouant.*
Vous êtes gris[3] !… De quoi ?

LE CADET, *superbe.*

De l'odeur de la poudre !

DE GUICHE, *haussant les épaules, les repousse et va vivement à Roxane.*
Vite, à quoi daignez-vous, madame, vous résoudre ?[4]

ROXANE
Je reste !

DE GUICHE

Fuyez !

---

1. Témoignage d'affection.
2. Au mouvement en arrière que le canon fait en tirant.
3. Ivre.
4. Quelle décision voulez-vous prendre ?

ROXANE

Non !

DE GUICHE

Puisqu'il en est ainsi,
Qu'on me donne un mousquet !

CARBON

Comment ?

DE GUICHE

Je reste aussi.

CYRANO
Enfin, Monsieur ! voilà de la bravoure pure !

PREMIER CADET
Seriez-vous un Gascon malgré votre guipure[5] ?

ROXANE
Quoi… !

DE GUICHE
Je ne quitte pas une femme en danger.

DEUXIÈME CADET, *au premier.*
Dis donc ! Je crois qu'on peut lui donner à manger !
Toutes les victuailles reparaissent comme par enchantement.

DE GUICHE, *dont les yeux s'allument.*
Des vivres !

UN TROISIÈME CADET
Il en sort de sous toutes les vestes !

DE GUICHE, *se maîtrisant, avec hauteur.*
Est-ce que vous croyez que je mange vos restes !

CYRANO, *saluant.*
Vous faites des progrès !

DE GUICHE, *fièrement, et à qui échappe sur le dernier mot une
légère pointe d'accent.*
Je vais me battre à jeun !

2070

5. Dentelle.

PREMIER CADET, *exultant de joie.*
À *jeung* ! Il vient d'avoir l'accent !

DE GUICHE, *riant.*

Moi !

LE CADET

C'en est un !
Ils se mettent tous à danser.

CARBON, *qui a disparu depuis un moment derrière le talus, reparaissant sur la crête.*
J'ai rangé mes piquiers[1], leur troupe est résolue[2] !
Il montre une ligne de piques qui dépasse la crête.

DE GUICHE, *à Roxane, en s'inclinant.*
Acceptez-vous ma main pour passer leur revue ?…
Elle la prend, ils remontent vers le talus.
Tout le monde se découvre[3] et les suit.

CHRISTIAN, *allant à Cyrano, vivement.*
Parle vite !
Au moment où Roxane paraît sur la crête, les lances disparaissent, abaissées pour le salut, un cri s'élève : elle s'incline.

LES PIQUIERS, *au dehors.*
Vivat !

CHRISTIAN

Quel était ce secret ?…

CYRANO
Dans le cas où Roxane…

CHRISTIAN

Eh bien ?

CYRANO

Te parlerait
Des lettres ?

CHRISTIAN
Oui, je sais !…

1. Soldats armés d'une pique.
2. Motivée, déterminée.
3. Ôte son chapeau par respect.

CYRANO

Ne fais pas la sottise

De t'étonner…

2080

CHRISTIAN

De quoi ?

CYRANO

Il faut que je te dise !…

Oh ! mon Dieu, c'est tout simple, et j'y pense aujourd'hui

En la voyant. Tu lui…

CHRISTIAN

Parle vite !

CYRANO

Tu lui…

As écrit plus souvent que tu ne crois.

CHRISTIAN

Hein ?

CYRANO

Dame !

Je m'en étais chargé : j'interprétais ta flamme !

J'écrivais quelquefois sans te dire : j'écris !

CHRISTIAN

Ah ?

CYRANO

C'est tout simple !

CHRISTIAN

Mais comment t'y es-tu pris,

Depuis qu'on est bloqué pour ?…

CYRANO

Oh !… avant l'aurore

Je pouvais traverser…

CHRISTIAN, *se croisant les bras.*

Ah ! c'est tout simple encore ?

Et qu'ai-je écrit de fois[1] par semaine ?... Deux ? – Trois ?...
Quatre ? –

CYRANO

Plus.

CHRISTIAN

Tous les jours ?

CYRANO

Oui, tous les jours. – Deux fois.

CHRISTIAN, *violemment.*
Et cela t'enivrait, et l'ivresse était telle
Que tu bravais[2] la mort...

CYRANO, *voyant Roxane qui revient.*

Tais-toi ! Pas devant elle !
Il rentre vivement dans sa tente.

■ Scène 8

ROXANE, CHRISTIAN ; *au fond, allées et venues de cadets.*
CARBON *et* DE GUICHE *donnent des ordres.*

ROXANE, *courant à Christian.*
Et maintenant, Christian !...

CHRISTIAN, *lui prenant les mains.*

Et maintenant, dis-moi
Pourquoi, par ces chemins effroyables, pourquoi
À travers tous ces rangs de soudards[3] et de reîtres[4],
Tu m'as rejoint ici ?

ROXANE

C'est à cause des lettres !

CHRISTIAN
Tu dis ?

1. Combien de fois ai-je écrit.
2. Défiais.
3. Soldats brutaux et grossiers.
4. Soudards.

ROXANE

      Tant pis pour vous si je cours ces dangers !
Ce sont vos lettres qui m'ont grisée[5] ! Ah ! songez
Combien depuis un mois vous m'en avez écrites,
Et plus belles toujours !

CHRISTIAN

                Quoi ! pour quelques petites
Lettres d'amour…

ROXANE

            Tais-toi ! Tu ne peux pas savoir !
Mon Dieu, je t'adorais, c'est vrai, depuis qu'un soir,
D'une voix que je t'ignorais, sous ma fenêtre,
Ton âme commença de se faire connaître…
Eh bien ! tes lettres, c'est, vois-tu, depuis un mois,
Comme si tout le temps, je l'entendais, ta voix
De ce soir-là, si tendre, et qui vous enveloppe !
Tant pis pour toi, j'accours. La sage Pénélope
Ne fût pas[6] demeurée à broder sous son toit,
Si le seigneur Ulysse eût écrit[7] comme toi,
Mais pour le joindre[8], elle eût, aussi folle qu'Hélène,
Envoyé promener ses pelotons de laine !…

CHRISTIAN

Mais…

ROXANE

      Je lisais, je relisais, je défaillais[9],
J'étais à toi. Chacun de ces petits feuillets
Était comme un pétale envolé de ton âme.
On sent à chaque mot de ces lettres de flamme
L'amour puissant, sincère…

CHRISTIAN

              Ah ! sincère et puissant ?
Cela se sent, Roxane ?…

Deux héroïnes de la mythologie grecque

Symbole de fidélité conjugale, Pénélope attendit vingt ans le retour de son époux Ulysse, parti faire la guerre à Troie ; elle avait promis de se remarier quand elle aurait fini de tisser son ouvrage, mais défaisait la nuit le travail du jour. Hélène quitta son époux, le roi grec Ménélas, pour le prince troyen Pâris, provoquant ainsi la guerre de Troie. ■

5. Enivrée.
6. Ne serait pas.
7. Avait écrit.
8. Rejoindre.
9. Je m'évanouissais.

ROXANE

Oh ! si cela se sent !

CHRISTIAN
Et vous venez ?…

ROXANE

Je viens (ô mon Christian, mon maître !
2120 Vous me relèveriez si je voulais me mettre
À vos genoux, c'est donc mon âme que j'y mets,
Et vous ne pourrez plus la relever jamais !)
Je viens te demander pardon (et c'est bien l'heure
De demander pardon, puisqu'il se peut qu'on meure !)
De t'avoir fait d'abord, dans ma frivolité,
L'insulte de t'aimer pour ta seule beauté !

CHRISTIAN, *avec épouvante.*
Ah ! Roxane !

ROXANE

Et plus tard, mon ami, moins frivole[1],
– Oiseau qui saute avant tout à fait qu'il s'envole[2], –
Ta beauté m'arrêtant, ton âme m'entraînant,
2130 Je t'aimais pour les deux ensemble !…

CHRISTIAN

Et maintenant ?

ROXANE

Eh bien ! toi-même enfin l'emporte sur toi-même,
Et ce n'est plus que pour ton âme que je t'aime !

CHRISTIAN, *reculant.*
Ah ! Roxane !

ROXANE

Sois donc heureux. Car n'être aimé
Que pour ce dont on est un instant costumé[3],
Doit mettre un cœur avide[4] et noble à la torture ;
Mais ta chère pensée efface ta figure,

1. Superficielle (c'est d'elle-même que parle Roxane).
2. Avant qu'il s'envole complètement.
3. Pour la beauté, qui n'est qu'un vêtement provisoire.
4. Passionné.

Et la beauté par quoi[5] tout d'abord tu me plus,
Maintenant j'y vois mieux... et je ne la vois plus !

CHRISTIAN
Oh !...

ROXANE
       Tu doutes encor d'une telle victoire ?...

CHRISTIAN, *douloureusement.*
Roxane !

ROXANE
      Je comprends, tu ne peux pas y croire,
À cet amour ?...

CHRISTIAN
         Je ne veux pas de cet amour !
Moi, je veux être aimé plus simplement pour...

ROXANE
                    Pour
Ce qu'en vous elles[6] ont aimé jusqu'à cette heure ?
Laissez-vous donc aimer d'une façon meilleure !

CHRISTIAN
Non ! c'était mieux avant !

ROXANE
              Ah ! tu n'y entends[7] rien !
C'est maintenant que j'aime mieux, que j'aime bien !
C'est ce qui te fait toi, tu m'entends, que j'adore,
Et moins brillant...[8]

CHRISTIAN
      Tais-toi !

ROXANE
           Je t'aimerais encore !
Si toute ta beauté tout d'un coup s'envolait...

CHRISTIAN
Oh ! ne dis pas cela !

2140

2150

5. Par laquelle.
6. Les autres femmes.
7. Comprends.
8. Et si tu étais moins
   brillant...

ROXANE

Si ! je le dis !

CHRISTIAN

Quoi ? laid ?

ROXANE
Laid ! je le jure !

CHRISTIAN

Dieu !

ROXANE

Et ta joie est profonde ?

CHRISTIAN, *d'une voix étouffée.*
Oui…

ROXANE

Qu'as-tu ?

CHRISTIAN, *la repoussant doucement.*

Rien. Deux mots à dire : une seconde…

ROXANE
Mais ?…

CHRISTIAN, *lui montrant un groupe de cadets, au fond.*

À ces pauvres gens mon amour t'enleva :
Va leur sourire un peu puisqu'ils vont mourir… va !

ROXANE, *attendrie.*
Cher Christian !…

Elle remonte vers les Gascons qui s'empres-
sent [1] *respectueusement autour d'elle.*

1. Se bousculent.

■ Scène 9

CHRISTIAN, CYRANO ; *au fond* ROXANE, *causant avec* CARBON.

CHRISTIAN, *appelant vers la tente de Cyrano.*
                    Cyrano ?

CYRANO, *reparaissant, armé pour la bataille.*
                    Qu'est-ce ? Te voilà blême[2] !

CHRISTIAN
Elle ne m'aime plus !

CYRANO
                    Comment ?

CHRISTIAN
                              C'est toi qu'elle aime !

CYRANO
Non !

CHRISTIAN
        Elle n'aime plus que mon âme !

CYRANO
                                        Non !

CHRISTIAN
                                              Si !
C'est donc bien toi qu'elle aime, – et tu l'aimes aussi !

CYRANO
Moi ?

CHRISTIAN
        Je le sais.

CYRANO
            C'est vrai.

CHRISTIAN
                    Comme un fou.

2. Pâle.

Cyrano de Bergerac **221**

CYRANO

                                                    Davantage.

CHRISTIAN

2160   Dis-le-lui !

CYRANO

                    Non !

CHRISTIAN

                            Pourquoi ?

CYRANO

                                        Regarde mon visage !

CHRISTIAN

Elle m'aimerait laid !

CYRANO

                            Elle te l'a dit ?

CHRISTIAN

                                            Là[1] !

CYRANO

Ah ! je suis bien content qu'elle t'ait dit cela !
Mais va, va, ne crois pas cette chose insensée !
– Mon Dieu, je suis content qu'elle ait eu la pensée
De la dire, – mais va, ne la prends pas au mot[2],
Va, ne deviens pas laid : elle m'en voudrait trop !

CHRISTIAN

C'est ce que je veux voir !

CYRANO

                            Non, non !

CHRISTIAN

                                        Qu'elle choisisse !

Tu vas lui dire tout !

CYRANO

                    Non, non ! Pas ce supplice.

1. À l'instant même.
2. Ne la prends pas au sérieux.

CHRISTIAN

Je tuerais ton bonheur parce que je suis beau ?
C'est trop injuste !

CYRANO

              Et moi, je mettrais au tombeau
Le tien parce que, grâce au hasard qui fait naître,
J'ai le don d'exprimer… ce que tu sens peut-être ?

CHRISTIAN

Dis-lui tout !

CYRANO

         Il s'obstine[3] à me tenter, c'est mal !

CHRISTIAN

Je suis las de porter en moi-même un rival !

CYRANO

Christian !

CHRISTIAN

        Notre union – sans témoins – clandestine,
– Peut se rompre, – si nous survivons !

CYRANO

                    Il s'obstine !…

CHRISTIAN

Oui, je veux être aimé moi-même, ou pas du tout !
– Je vais voir ce qu'on fait, tiens ! Je vais jusqu'au bout
Du poste ; je reviens : parle, et qu'elle préfère
L'un de nous deux !

CYRANO

        Ce sera toi !

CHRISTIAN

              Mais… je l'espère !

                      Il appelle.

3. Il s'entête.

Roxane !

CYRANO

Non ! Non !

ROXANE, *accourant.*

Quoi ?

CHRISTIAN

Cyrano vous dira
Une chose importante…

Elle va vivement à Cyrano. Christian sort.

■ Scène 10

ROXANE, CYRANO, *puis* **LE BRET, CARBON, LES CADETS, RAGUENEAU,
DE GUICHE,** *etc.*

ROXANE

Importante ?

CYRANO, *éperdu*[1].

Il s'en va !…

À Roxane.

Rien… Il attache, – oh ! Dieu ! vous devez le connaître ! –
De l'importance à rien !

ROXANE, *vivement.*

Il a douté peut-être
De ce que j'ai dit là ?… J'ai vu qu'il a douté !…

CYRANO, *lui prenant la main.*
Mais vous avez bien dit, d'ailleurs, la vérité ?

ROXANE
Oui, oui, je l'aimerais même…

Elle hésite une seconde.

CYRANO, *souriant tristement.*

Le mot vous gêne
Devant moi ?

1. Affolé.

Photo du film *Cyrano de Bergerac*, réalisé par Jean-Paul Rappeneau, 1990.
Roxane (Anne Brochet), Christian (Vincent Pérez), Cyrano (Gérard Depardieu).

ROXANE

Mais…

CYRANO

Il ne me fera pas de peine !

– Même laid ?

ROXANE

Même laid !

Mousqueterie[1] au dehors.

Ah ! tiens, on a tiré !

CYRANO, *ardemment[2].*

2190 Affreux ?

ROXANE

Affreux !

CYRANO

Défiguré ?

ROXANE

Défiguré !

CYRANO

Grotesque[3] ?

ROXANE

Rien ne peut me le rendre grotesque !

CYRANO

Vous l'aimeriez encore ?

ROXANE

Et davantage presque !

CYRANO, *perdant la tête, à part.*

Mon Dieu, c'est vrai, peut-être, et le bonheur est là.

À Roxane.

Je… Roxane… écoutez !…

LE BRET, *entrant rapidement, appelle à mi-voix.*

Cyrano !

1. Tirs de mousquets.
2. Avec passion.
3. Ridicule par sa laideur.

CYRANO, *se retournant.*

Hein ?

LE BRET

Chut !
Il lui dit un mot tout bas.

CYRANO, *laissant échapper la main de Roxane, avec un cri.*

Ah !...

ROXANE

Qu'avez-vous ?

CYRANO, *à lui-même, avec stupeur.*

C'est fini.

Détonations nouvelles.

ROXANE

Quoi ? Qu'est-ce encore ? On tire ?
Elle remonte pour regarder au dehors.

CYRANO

C'est fini, jamais plus je ne pourrai le dire !

ROXANE, *voulant s'élancer.*

Que se passe-t-il ?

CYRANO, *vivement, l'arrêtant.*

Rien !
*Des cadets sont entrés, cachant quelque chose qu'ils portent,
et ils forment un groupe empêchant Roxane d'approcher.*

ROXANE

Ces hommes ?

CYRANO, *l'éloignant.*

Laissez-les !...

ROXANE

Mais qu'alliez-vous me dire avant ?...

CYRANO

Ce que j'allais

Vous dire ?… rien, oh ! rien, je le jure, madame !
Solennellement.
2200 Je jure que l'esprit de Christian, que son âme
Étaient…
Se reprenant avec terreur.
sont les plus grands…

ROXANE

Étaient ?
Avec un grand cri.
Ah !…
Elle se précipite et écarte tout le monde.

CYRANO

C'est fini !

ROXANE, *voyant Christian couché dans son manteau.*
Christian !

LE BRET, *à Cyrano.*
Le premier coup de feu de l'ennemi !
Roxane se jette sur le corps de Christian. Nouveaux coups de feu. Cliquetis[1]. Rumeurs. Tambours.

CARBON, *l'épée au poing.*
C'est l'attaque ! Aux mousquets !
Suivi des cadets, il passe de l'autre côté du talus.

ROXANE

Christian !

LA VOIX DE CARBON, *derrière le talus.*

Qu'on se dépêche !

ROXANE
Christian !

CARBON

Alignez-vous !

ROXANE

Christian !

? A votre Avis

La mort de Christian est-elle :

☐ une sorte de suicide ?
☐ un accident ?
☐ le résultat d'une imprudence ?

1. Bruits secs et répétés.

CARBON

Mesurez… mèche[2] !

Ragueneau est accouru, apportant de l'eau dans un casque.

CHRISTIAN, *d'une voix mourante.*

Roxane !…

CYRANO, *vite et bas à l'oreille de Christian, pendant que Roxane affolée trempe dans l'eau, pour le panser, un morceau de linge arraché à sa poitrine.*

J'ai tout dit. C'est toi qu'elle aime encor !

Christian ferme les yeux.

ROXANE

Quoi, mon amour ?

CARBON

Baguette haute !

ROXANE, *à Cyrano.*

Il n'est pas mort ?…

CARBON

Ouvrez la charge[3] avec les dents !

ROXANE

Je sens sa joue

Devenir froide, là, contre la mienne !

CARBON

En joue !

ROXANE

Une lettre sur lui !

Elle l'ouvre.

Pour moi !

CYRANO, *à part.*

Ma lettre !

CARBON

Feu !

Mousqueterie. Cris. Bruit de bataille.

2. Premier des ordres donnés par Carbon pour tirer au mousquet.

3. La charge de poudre.

CYRANO, *voulant dégager sa main que tient Roxane agenouillée.*
2210 Mais, Roxane, on se bat !

ROXANE, *le retenant.*

Restez encore un peu.
Il est mort. Vous étiez le seul à le connaître.

Elle pleure doucement.

– N'est-ce pas que c'était un être exquis, un être
Merveilleux ?

CYRANO, *debout, tête nue.*

Oui, Roxane.

ROXANE

Un poète inouï[1],

Adorable ?

CYRANO

Oui, Roxane.

ROXANE

Un esprit sublime ?

CYRANO

Oui,

Roxane !

ROXANE

Un cœur profond, inconnu du profane[2],
Une âme magnifique et charmante ?

CYRANO, *fermement.*

Oui, Roxane !

ROXANE, *se jetant sur le corps de Christian.*
Il est mort !

CYRANO, *à part, tirant l'épée.*

Et je n'ai qu'à mourir aujourd'hui,
Puisque, sans le savoir, elle me pleure en lui !

Trompettes au loin.

1. Extraordinaire.
2. Des ignorants.

DE GUICHE, *qui reparaît sur le talus, décoiffé, blessé au front, d'une voix tonnante*[3].

C'est le signal promis ! Des fanfares de cuivres[4] !
Les Français vont rentrer au camp avec des vivres !   2220
Tenez encore un peu !

ROXANE

            Sur la lettre, du sang,

Des pleurs !

UNE VOIX, *au dehors, criant.*

           Rendez-vous !

VOIX DES CADETS

         Non !

RAGUENEAU, *qui, grimpé sur son carrosse, regarde la bataille par-dessus le talus.*

         Le péril va croissant[5] !

CYRANO, *à de Guiche, lui montrant Roxane.*

Emportez-la ! Je vais charger !

ROXANE, *baisant la lettre, d'une voix mourante.*

             Son sang ! ses larmes !…

RAGUENEAU, *sautant à bas du carrosse pour courir vers elle.*

Elle s'évanouit !

DE GUICHE, *sur le talus, aux cadets, avec rage.*

         Tenez bon !

UNE VOIX, *au dehors.*

         Bas les armes !

VOIX DES CADETS

Non !

CYRANO, *à de Guiche.*

    Vous avez prouvé, Monsieur, votre valeur :

              Lui montrant Roxane.

Fuyez en la sauvant !

3. Éclatante.
4. De trompettes ou de clairons.
5. Le danger augmente.

DE GUICHE, *qui court à Roxane et l'enlève dans ses bras.*

Soit ! Mais on est vainqueur

Si vous gagnez du temps !

CYRANO

C'est bon !

Criant vers Roxane que de Guiche,
aidé de Ragueneau, emporte évanouie.

Adieu, Roxane !

Tumulte. Cris. Des cadets reparaissent blessés et viennent
tomber en scène. Cyrano se précipitant au combat est arrêté
sur la crête par Carbon de Castel-Jaloux, couvert de sang.

CARBON

Nous plions ! J'ai reçu deux coups de pertuisane[1] !

CYRANO, *criant aux Gascons.*
Hardi ! Reculès pas, drollos ![2]

À Carbon, qu'il soutient.

N'ayez pas peur !

2230   J'ai deux morts à venger : Christian et mon bonheur !

Ils redescendent. Cyrano brandit la lance
où est attaché le mouchoir de Roxane.

Flotte, petit drapeau de dentelle à son chiffre[3] !

Il la plante en terre ; il crie aux cadets.

Toumbé dèssus ! Escrasas lous ![4]

Au fifre.

Un air de fifre !

Le fifre joue. Des blessés se relèvent. Des cadets dégrin-
golant le talus viennent se grouper autour de Cyrano et du
petit drapeau. Le carrosse se couvre et se remplit d'hommes,
se hérisse d'arquebuses[5], se transforme en redoute[6].

UN CADET, *paraissant, à reculons, sur la crête, se battant toujours,*
crie :
Ils montent le talus !

et tombe mort.

1. Hallebarde, lance.
2. Ne reculez pas, les gars !
(occitan)
3. À ses initiales.
4. Tombez dessus !
Écrasez-les !
5. Armes à feu.
6. Abri fortifié.

CYRANO

On va les saluer !

> *Le talus se couronne en un instant d'une rangée terrible d'ennemis. Les grands étendards des Impériaux[7] se lèvent.*

CYRANO

Feu !

> *Décharge générale.*

CRI, *dans les rangs ennemis.*

Feu !

> *Riposte meurtrière. Les cadets tombent de tous côtés.*

UN OFFICIER ESPAGNOL, *se découvrant.*

Quels sont ces gens qui se font tous tuer ?

CYRANO, *récitant debout au milieu des balles.*

Ce sont les cadets de Gascogne[8]
De Carbon de Castel-Jaloux ;
Bretteurs et menteurs sans vergogne…

> *Il s'élance, suivi des quelques survivants.*

Ce sont les cadets…

> *Le reste se perd dans la bataille.*

RIDEAU

7. Des Espagnols.
8. Voir Acte II, sc.7 (p. 104-105).

Les cadets ont faim (scènes 1 à 4)

1 Pourquoi les cadets n'aiment-ils pas de Guiche ?

2 Quel plan tactique de Guiche a-t-il imaginé ? VOIR **?** PAGE 196

Une faim torturante (scènes 1 à 3)

3 Quelle vision de la guerre est donnée ici ? Les cadets de Gascogne se comportent-ils comme dans leur chanson (voir p. 104-105) ?

4 Que propose Cyrano aux cadets pour oublier leur faim ? En quoi cette stratégie obéit-elle à la logique du personnage ?

Cyrano contre de Guiche (scène 4)

5 Pourquoi de Guiche a-t-il abandonné son écharpe blanche ? Comment la récupère-t-il ? Que fait-il alors ?

La lettre d'adieu de Cyrano (scène 4)

6 Que remarque Christian sur la lettre d'adieu à Roxane ? Des vers 1920 à 1925, expliquez l'emploi des points de suspension. À quel moment Cyrano se trahit-il ?

7 Relevez les didascalies qui montrent que Christian a sans doute compris. Quel événement empêche les deux hommes de s'expliquer ?

Roxane la « bonne fée » (scènes 5 à 7)

1 Pourquoi tout le monde est-il d'accord pour que Roxane reparte vite ?
VOIR ❓ PAGE 203

2 Pourquoi Cyrano veut-il parler de toute urgence à Christian ?

L'apparition de Roxane

3 Quelle raison Roxane a-t-elle donné pour traverser les lignes ennemies ? Quelle remarque humoristique fait-elle à ce propos ?

4 Quelle révolution Roxane apporte-t-elle dans l'atmosphère de ce camp de soldats ?

Le festin miraculeux

5 Relevez les diverses références ou allusions à l'univers des contes de fées, scènes 5 et 6. Quelle atmosphère est ainsi créée ?

6 Par quelle parole et quelle attitude de Guiche s'attire-t-il enfin la sympathie des cadets ? Quel rôle symbolique la nourriture joue-t-elle ?

Christian et Cyrano

7 Dans la scène 6, qui essaie de parler à qui ? Que produit ce mouvement dans l'ambiance générale ?

8 Dans la discussion entre Cyrano et Christian à la fin de la scène 7, qui domine l'autre ? Justifiez votre avis en observant les types de phrases, la ponctuation. Est-ce le rapport de force habituel entre eux ?

Aveux et malentendus (scènes 8 à 10)

1 Pourquoi Christian s'éloigne-t-il à la fin de la scène 9 ? VOIR **?** PAGE 228

2 À qui était destiné le coup de feu entendu par Roxane au vers 2189 ?

La déclaration d'amour de Roxane (scène 8)

3 Quand Roxane fait une nouvelle déclaration d'amour à Christian, quelle évolution souligne-t-elle ? À quelle conclusion arrive-t-elle ?

4 Comment Christian manifeste-t-il sa souffrance en entendant la déclaration d'amour de Roxane ? À quelle conclusion arrive-t-il ?

Un dénouement possible ?

5 Quel aveu Christian arrache-t-il à Cyrano à la scène 9 ?

6 Quel dénouement semble possible après la scène 9 ? Comment interprétez-vous le « C'est fini » de Cyrano (v. 2195) ?

La mort

7 À partir du vers 2202, quels groupes de personnages la mise en scène doit-elle distinguer ? Qui fait le lien entre les uns et les autres ? Comment le drame personnel est-il lié à la bataille ?

8 Comparez le début et la fin de l'acte IV : quel effet Rostand a-t-il recherché ?

Du texte à l'image

Observez la photographie → voir dossier images p. IV

Le siège d'Arras, mise en scène de Denis Podalydès, Comédie-Française, 2006.

1 Comparez le costume du personnage au premier plan (de Guiche) et ceux des soldats : appartiennent-ils à la même époque ? Comment peut-on justifier ce choix ? Vous plaît-il ?

2 Quelles couleurs sont privilégiées ? Quelle atmosphère est ainsi obtenue ?

3 Observez la position et l'expression des personnages. À quel moment de l'acte sommes-nous ?

À vous de jouer

Rédigez un monologue

Seul « au bout du poste » pendant la scène 10, Christian médite sur ce qu'il vient d'apprendre et de comprendre dans les scènes précédentes. Rédigez son monologue, qui sera interrompu par le coup de feu qui le tue.

Écrivez un dialogue argumentatif

À la sortie du théâtre où ils ont vu jouer la pièce, deux amis discutent. L'un regrette que Rostand n'ait pas donné à Roxane la possibilité de choisir entre Christian et Cyrano ; l'autre affirme que c'était incompatible avec la logique de la situation et des caractères. Rédigez ce dialogue.

La gazette de Cyrano

Quinze ans après, en 1655. Le parc du couvent que les Dames de la Croix occupaient à Paris.

Superbes ombrages. À gauche, la maison ; vaste perron[1] sur lequel ouvrent plusieurs portes. Un arbre énorme au milieu de la scène, isolé au milieu d'une petite place ovale. À droite, premier plan, parmi de grands buis[2], un banc de pierre demi-circulaire.

Tout le fond du théâtre est traversé par une allée de marronniers qui aboutit à droite, quatrième plan, à la porte d'une chapelle entrevue parmi les branches. À travers le double rideau d'arbres de cette allée, on aperçoit des fuites[3] de pelouses, d'autres allées, des bosquets[4], les profondeurs du parc, le ciel.

La chapelle ouvre une porte latérale sur une colonnade enguirlandée de vigne rougie, qui vient se perdre à droite, au premier plan, derrière les buis.

C'est l'automne. Toute la frondaison[5] est rousse au-dessus des pelouses fraîches. Tâches sombres des buis et des ifs restés verts. Une plaque de feuilles jaunes sous chaque arbre. Les feuilles jonchent[6] toute la scène, craquent sous les pas dans les allées, couvrent à demi le perron et les bancs.

Entre le banc de droite et l'arbre, un grand métier à broder devant lequel une petite chaise a été apportée. Paniers pleins d'écheveaux[7] et de pelotons. Tapisserie commencée.

Au lever du rideau, des sœurs[8] vont et viennent dans le parc ; quelques-unes sont assises sur le banc autour d'une religieuse plus âgée[9]. Des feuilles tombent.

1. Palier en façade en haut d'un escalier extérieur.
2. Arbustes.
3. Perspectives.
4. Bouquets d'arbres.
5. Le feuillage.
6. Recouvrent.
7. De paquets de fils repliés.
8. Religieuses.
9. La supérieure du couvent, appelée *mère*.

■ Scène 1

MÈRE MARGUERITE, SŒUR MARTHE, SŒUR CLAIRE, LES SŒURS.

SŒUR MARTHE, *à Mère Marguerite.*
Sœur Claire a regardé deux fois comment allait
Sa cornette[10], devant la glace.

MÈRE MARGUERITE, *à sœur Claire.*
                    C'est très laid.

SŒUR CLAIRE
Mais sœur Marthe a repris un pruneau de la tarte,
Ce matin : je l'ai vu.

MÈRE MARGUERITE, *à sœur Marthe.*
                    C'est très vilain, sœur Marthe.

SŒUR CLAIRE
Un tout petit regard !

SŒUR MARTHE
                    Un tout petit pruneau !

MÈRE MARGUERITE, *sévèrement.*
Je le dirai, ce soir, à monsieur Cyrano.

SŒUR CLAIRE, *épouvantée.*
Non ! il va se moquer !

SŒUR MARTHE
                    Il dira que les nonnes[11]
Sont très coquettes !

SŒUR CLAIRE
                    Très gourmandes !

MÈRE MARGUERITE, *souriant.*
                    Et très bonnes.

SŒUR CLAIRE
N'est-ce pas, Mère Marguerite de Jésus,
Qu'il vient, le samedi, depuis dix ans ?

2240

10. Coiffure de certaines religieuses.
11. Religieuses.

MÈRE MARGUERITE

　　　　　　　　　　　　Et plus !
Depuis que sa cousine à nos béguins[1] de toile
2250　Mêla le deuil mondain[2] de sa coiffe de voile,
Qui chez nous vint s'abattre, il y a quatorze ans,
Comme un grand oiseau noir parmi les oiseaux blancs[3] !

SŒUR MARTHE

Lui seul, depuis qu'elle a pris chambre dans ce cloître[4],
Sait distraire un chagrin qui ne veut pas décroître.

TOUTES LES SŒURS

Il est si drôle ! – C'est amusant quand il vient !
– Il nous taquine ! – Il est gentil ! – Nous l'aimons bien !
– Nous fabriquons pour lui des pâtes d'angélique[5] !

SŒUR MARTHE

Mais enfin, ce n'est pas un très bon catholique !

SŒUR CLAIRE

Nous le convertirons.

LES SŒURS

　　　　　　　　　　　Oui ! Oui !

MÈRE MARGUERITE

　　　　　　　　　　　　　Je vous défends
2260　De l'entreprendre[6] encor sur ce point, mes enfants.
Ne le tourmentez pas : il viendrait moins peut-être !

SŒUR MARTHE

Mais... Dieu !...

MÈRE MARGUERITE

　　　　　　　Rassurez-vous : Dieu doit bien le connaître.

SŒUR MARTHE

Mais chaque samedi, quand il vient d'un air fier.
Il me dit en entrant : « Ma sœur, j'ai fait gras, hier ! »

---

1. Coiffes nouées sous le menton, en usage dans certains couvents.

2. Laïc (Roxane s'est retirée au couvent mais n'est pas devenue une religieuse).

3. Roxane a mêlé son voile noir de deuil aux coiffes blanches des religieuses.

4. Couvent.

5. De fruits confits.

6. L'attaquer.

MÈRE MARGUERITE
Ah ! il vous dit cela ?… Eh bien ! la fois dernière
Il n'avait pas mangé depuis deux jours.

SŒUR MARTHE

Ma Mère !

MÈRE MARGUERITE
Il est pauvre.

SŒUR MARTHE
Qui vous l'a dit ?

MÈRE MARGUERITE

Monsieur Le Bret.

SŒUR MARTHE
On ne le secourt pas ?

MÈRE MARGUERITE

Non, il se fâcherait.
*Dans une allée du fond, on voit apparaître Roxane,
vêtue de noir, avec la coiffe des veuves et de longs voiles ;
de Guiche, magnifique et vieillissant, marche auprès
d'elle. Ils vont à pas lents. Mère Marguerite se lève.*
– Allons il faut rentrer… Madame Magdeleine,
Avec un visiteur, dans le parc se promène.

SŒUR MARTHE, *bas à sœur Claire.*
C'est le duc-maréchal de Grammont ?

SŒUR CLAIRE, *regardant.*

Oui, je crois.

SŒUR MARTHE
Il n'était plus venu la voir depuis des mois !

LES SŒURS
Il est très pris ! – La cour ! – Les camps[7] !

SŒUR CLAIRE

Les soins du monde[8] !
*Elles sortent. De Guiche et Roxane descendent en
silence et s'arrêtent près du métier. Un temps.*

2270

Faire gras

En souvenir de Jésus mort sur la croix un vendredi, l'Église catholique demande à ses fidèles de *faire maigre* ce jour-là, c'est-à-dire de ne pas manger de viande. En déclarant qu'il a *fait gras*, Cyrano fait de la provocation et s'affiche comme un incroyant. ■

7. Les camps militaires.
8. Les soucis de la vie mondaine.

■ Scène 2

ROXANE, LE DUC DE GRAMMONT, *puis* LE BRET *et* RAGUENEAU.

LE DUC
Et vous demeurerez ici, vainement blonde,
Toujours en deuil ?

ROXANE

Toujours.

LE DUC

Aussi fidèle ?

ROXANE

Aussi.

LE DUC, *après un temps.*
Vous m'avez pardonné ?

ROXANE, *simplement, regardant la croix du couvent.*
Puisque je suis ici.

Nouveau silence.

LE DUC
Vraiment c'était un être ?...

ROXANE

Il fallait le connaître !

LE DUC
Ah ! Il fallait ?... Je l'ai trop peu connu, peut-être !
... Et son dernier billet, sur votre cœur, toujours ?

ROXANE
Comme un doux scapulaire[1], il pend à ce velours[2].

LE DUC
Même mort, vous l'aimez ?

ROXANE

Quelquefois il me semble

1. Objet de dévotion, fait de morceaux d'étoffe bénits, porté sous les vêtements.
2. Ruban de velours.

Qu'il n'est mort qu'à demi, que nos cœurs sont ensemble,
Et que son amour flotte, autour de moi, vivant !

LE DUC, *après un silence encore.*
Est-ce que Cyrano vient vous voir ?

ROXANE

Oui, souvent.
– Ce vieil ami, pour moi, remplace les gazettes[3].
Il vient ; c'est régulier ; sous cet arbre où vous êtes
On place son fauteuil, s'il fait beau ; je l'attends
En brodant ; l'heure sonne ; au dernier coup, j'entends
– Car je ne tourne plus même le front ! – sa canne
Descendre le perron ; il s'assied ; il ricane
De ma tapisserie éternelle ; il me fait
La chronique de la semaine, et...

                    Le Bret paraît sur le perron.
                    Tiens, Le Bret !

                    Le Bret descend.

Comment va notre ami ?

LE BRET

Mal.

LE DUC

Oh !

ROXANE, *au duc.*

Il exagère !

LE BRET
Tout ce que j'ai prédit : l'abandon, la misère !...
Ses épîtres lui font des ennemis nouveaux !
Il attaque les faux nobles, les faux dévots[4],
Les faux braves, les plagiaires[5], – tout le monde.

ROXANE
Mais son épée inspire une terreur profonde.
On ne viendra jamais à bout de lui.

2290

Les épîtres de Cyrano

Ces *épîtres* n'étaient pas une vraie correspondance, mais des textes destinés à être lus et commentés dans les salons. Une sélection fut publiée un an avant sa mort, répartie entre *Lettres diverses*, *Lettres amoureuses* et *Lettres satiriques*. C'est là qu'il se moque de la corpulence de Montfleury, qu'il appelle « Gros Crevé ». ∎

3. Journaux.
4. Ceux qui simulent une grande ferveur religieuse.
5. Copieurs.

LE DUC, *hochant la tête.*

Qui sait ?

LE BRET

2300 Ce que je crains, ce n'est pas les attaques, c'est
La solitude, la famine, c'est Décembre
Entrant à pas de loup dans son obscure chambre :
Voilà les spadassins[1] qui plutôt le tueront !
– Il serre chaque jour, d'un cran, son ceinturon.
Son pauvre nez a pris des tons de vieil ivoire.
Il n'a plus qu'un petit habit de serge[2] noire.

LE DUC

Ah ! celui-là n'est pas parvenu[3] ! – C'est égal,
Ne le plaignez pas trop.

LE BRET, *avec un sourire amer.*

Monsieur le maréchal !…

LE DUC

Ne le plaignez pas trop : il a vécu sans pactes[4],
2310 Libre dans sa pensée autant que dans ses actes.

LE BRET, *de même.*

Monsieur le duc !…

LE DUC, *hautainement.*

Je sais, oui : j'ai tout ; il n'a rien…
Mais je lui serrerais bien volontiers la main.

Saluant Roxane.

Adieu.

ROXANE

Je vous conduis.

Le duc salue Le Bret et se dirige avec Roxane vers le perron.

LE DUC, *s'arrêtant, tandis qu'elle monte[5].*

Oui, parfois, je l'envie.
– Voyez-vous, lorsqu'on a trop réussi sa vie,
On sent, – n'ayant rien fait, mon Dieu, de vraiment mal ! –

1. Escrimeurs.
2. Tissu serré.
3. Devenu riche.
4. Sans alliances.
5. Elle se dirige vers le fond
de la scène.

Mille petits dégoûts de soi, dont le total
Ne fait pas un remords, mais une gêne obscure ;
Et les manteaux de duc traînent dans leur fourrure,
Pendant que des grandeurs on monte les degrés[6],
Un bruit d'illusions sèches et de regrets,   2320
Comme, quand vous montez lentement vers ces portes,
Votre robe de deuil traîne des feuilles mortes.

ROXANE, *ironique.*
Vous voilà bien rêveur ?…

LE DUC

                              Eh ! oui !
                                   Au moment de sortir, brusquement.
                              Monsieur Le Bret !
                                        À Roxane.

Vous permettez ? Un mot.

                                   Il va à Le Bret, et à mi-voix.
                         C'est vrai : nul n'oserait
Attaquer votre ami ; mais beaucoup l'ont en haine ;
Et quelqu'un me disait, hier, au jeu[7], chez la Reine :
« Ce Cyrano pourrait mourir d'un accident. »

LE BRET
Ah ?

LE DUC
     Oui. Qu'il sorte peu. Qu'il soit prudent.

LE BRET, *levant les bras au ciel.*

                              Prudent !
Il va venir. Je vais l'avertir. Oui, mais !…

ROXANE, *qui est restée sur le perron, à une sœur qui s'avance vers
elle.*

                         Qu'est-ce ?

LA SŒUR
Ragueneau veut vous voir, Madame.   2330

6. Les marches.
7. À la table de jeu.

ROXANE

                                    Qu'on le laisse

Entrer.

                                    Au duc et à Le Bret.

        Il vient crier misère. Étant un jour
Parti pour être auteur, il devint tour à tour
Chantre[1]…

LE BRET

                Étuviste[2]…

ROXANE

                            Acteur…

LE BRET

                                Bedeau[3]…

ROXANE

                                        Perruquier…

LE BRET

                                            Maître

De théorbe[4]…

ROXANE

                Aujourd'hui, que pourrait-il bien être ?

RAGUENEAU, *entrant précipitamment.*
Ah ! Madame !

                                    Il aperçoit Le Bret.

                Monsieur !

ROXANE, *souriant.*

                            Racontez vos malheurs

À Le Bret. Je reviens.

RAGUENEAU

                    Mais, Madame…

                            *Roxane sort sans l'écouter, avec
                            le duc. Il redescend vers Le Bret.*

1. Chanteur d'église.
2. Gérant de bains de vapeur.
3. Laïc servant la messe.
4. Luth à deux manches.

■ Scène 3

LE BRET, RAGUENEAU.

RAGUENEAU

D'ailleurs,
Puisque vous êtes là, j'aime mieux qu'elle ignore !
– J'allais voir votre ami tantôt. J'étais encore
À vingt pas de chez lui… quand je le vois de loin,
Qui sort. Je veux le joindre. Il va tourner le coin
De la rue… et je cours… lorsque d'une fenêtre
Sous laquelle il passait – est-ce un hasard ?… peut-être ! –
Un laquais laisse choir[5] une pièce de bois.

LE BRET

Les lâches !… Cyrano !

RAGUENEAU

J'arrive et je le vois…

LE BRET

C'est affreux !

RAGUENEAU

Notre ami, Monsieur, notre poète,
Je le vois, là, par terre, un grand trou dans la tête !

LE BRET

Il est mort ?

RAGUENEAU

Non ! mais… Dieu ! je l'ai porté chez lui.
Dans sa chambre… Ah ! sa chambre ! il faut voir ce réduit[6] !

LE BRET

Il souffre ?

RAGUENEAU

Non, Monsieur, il est sans connaissance.

2340

? À votre Avis

Cyrano est-il victime :

☐ d'un accident ?
☐ d'un meurtre ?
☐ de sa distraction ?

5. Tomber.
6. Logement minuscule.

LE BRET

2350 Un médecin ?

RAGUENEAU

Il en vint un par complaisance[1].

LE BRET

Mon pauvre Cyrano ! – Ne disons pas cela
Tout d'un coup à Roxane ! – Et ce docteur ?

RAGUENEAU

Il a
Parlé, – je ne sais plus, – de fièvre, de méninges[2] !...
Ah ! si vous le voyiez – la tête dans des linges !...
Courons vite ! – Il n'y a personne à son chevet ! –
C'est qu'il pourrait mourir, Monsieur, s'il se levait !

LE BRET, *l'entraînant vers la droite.*
Passons par là ! Viens, c'est plus court ! Par la chapelle !

ROXANE, *paraissant sur le perron et voyant Le Bret s'éloigner par la colonnade qui mène à la petite porte de la chapelle.*
Monsieur Le Bret !

Le Bret et Ragueneau se sauvent sans répondre.
Le Bret s'en va quand on l'appelle ?
C'est quelque histoire encor de ce bon Ragueneau !

Elle descend le perron.

■ Scène 4

ROXANE *seule, puis* **DEUX SŒURS**, *un instant.*

ROXANE

2360 Ah ! que ce dernier jour de septembre est donc beau !
Ma tristesse sourit. Elle qu'Avril offusque[3],
Se laisse décider par l'automne, moins brusque.

---

1. Par charité.

2. Membranes autour du cerveau, dont l'inflammation provoque la méningite.

3. Choque.

Elle s'assied à son métier. Deux sœurs sortent de la maison et apportent un grand fauteuil sous l'arbre.

Ah ! voici le fauteuil classique où vient s'asseoir
Mon vieil ami !

SŒUR MARTHE

Mais c'est le meilleur du parloir !

ROXANE

Merci, ma sœur.

Les sœurs s'éloignent.

Il va venir.

Elle s'installe. On entend sonner l'heure.
Là... l'heure sonne.

– Mes écheveaux ! – L'heure a sonné ? Ceci m'étonne !
Serait-il en retard pour la première fois ?
La sœur tourière[4] doit – mon dé ?... là, je le vois ! –
L'exhorter à la pénitence[5].

Un temps.

Elle l'exhorte !

– Il ne peut plus tarder. – Tiens ! une feuille morte ! –   2370

Elle pousse du doigt la feuille tombée sur son métier.

D'ailleurs, rien ne pourrait – mes ciseaux... dans mon sac ! –
L'empêcher de venir !

UNE SŒUR, *paraissant sur le perron.*

Monsieur de Bergerac.

■ **Scène 5**

ROXANE, CYRANO *et, un moment* **SŒUR MARTHE.**

ROXANE, *sans se retourner.*
Qu'est-ce que je disais ?...

4. La religieuse à la porte d'entrée.
5. L'encourager à se repentir.

Et elle brode. Cyrano, très pâle, le feutre enfoncé sur les yeux,
paraît. La sœur qui l'a introduit rentre. Il se met à descendre
le perron lentement, avec un effort visible pour se tenir debout,
et en s'appuyant sur sa canne. Roxane travaille à sa tapisserie.

Ah ! ces teintes fanées…

Comment les rassortir[1] ?

À Cyrano, sur un ton d'amicale gronderie.
Depuis quatorze années,

Pour la première fois, en retard !

CYRANO, *qui est parvenu au fauteuil et s'est assis, d'une voie gaie*
contrastant avec son visage.

Oui, c'est fou !

J'enrage. Je fus mis en retard, vertuchou[2] !…

ROXANE
Par ?…

CYRANO

Par une visite assez inopportune[3].

ROXANE, *distraite, travaillant.*
Ah ! oui ! quelque fâcheux[4] ?

CYRANO

Cousine, c'était une

Fâcheuse.

ROXANE

Vous l'avez renvoyée ?

CYRANO

Oui, j'ai dit

2380 Excusez-moi, mais c'est aujourd'hui samedi,
Jour où je dois me rendre en certaine demeure ;
Rien ne m'y fait manquer : repassez dans une heure !

ROXANE, *légèrement.*
Eh bien ! cette personne attendra pour vous voir :
Je ne vous laisse pas partir avant ce soir.

? A votre Avis

Qui est cette
« fâcheuse » qui
vient chercher
Cyrano ?

☐ Une précieuse.
☐ Une admiratrice.
☐ La mort.

1. Les assortir (les assembler de façon harmonieuse).
2. Juron.
3. Malvenue, gênante.
4. Gêneur.

CYRANO, *avec douceur.*
Peut-être un peu plus tôt faudra-t-il que je parte.

> *Il ferme les yeux et se tait un instant. Sœur*
> *Marthe traverse le parc de la chapelle au perron.*
> *Roxane l'aperçoit, lui fait un petit signe de tête.*

ROXANE, *à Cyrano.*
Vous ne taquinez pas sœur Marthe ?

CYRANO, *vivement, ouvrant les yeux.*

Si !

> *Avec une grosse voix comique.*

Sœur Marthe !

Approchez !

> *La sœur glisse vers lui.*

Ha ! ha ! ha ! Beaux yeux toujours baissés !

SŒUR MARTHE, *levant les yeux en souriant.*
Mais…

> *Elle voit sa figure et fait un geste d'étonnement.*

Oh !

CYRANO, *bas, lui montrant Roxane.*
Chut ! Ce n'est rien !

> *D'une voix fanfaronne[5]. Haut.*

Hier, j'ai fait gras.

SŒUR MARTHE

Je sais.

> *À part.*

C'est pour cela qu'il est si pâle !

> *Vite et bas.*

Au réfectoire
Vous viendrez tout à l'heure, et je vous ferai boire
Un grand bol de bouillon… Vous viendrez ?

CYRANO

Oui, oui, oui.

2390

5. Vantarde.

SŒUR MARTHE
Ah ! vous êtes un peu raisonnable, aujourd'hui !

ROXANE, *qui les entend chuchoter.*
Elle essaye de vous convertir !

SŒUR MARTHE

Je m'en garde !

CYRANO
Tiens, c'est vrai ! Vous toujours si saintement bavarde,
Vous ne me prêchez pas ?[1] c'est étonnant, ceci !…

Avec une fureur bouffonne[2].

Sabre de bois ! Je veux vous étonner aussi !
Tenez, je vous permets…

Il a l'air de chercher une bonne taquinerie, et de la trouver.

Ah ! la chose est nouvelle ?…

De… de prier pour moi, ce soir, à la chapelle.

ROXANE
Oh ! oh !

CYRANO, *riant.*

Sœur Marthe est dans la stupéfaction !

SŒUR MARTHE, *doucement.*
2400   Je n'ai pas attendu votre permission.

Elle rentre.

CYRANO, *revenant à Roxane, penchée sur son métier[3].*
Du diable si je peux jamais[4], tapisserie,
Voir ta fin !

ROXANE

J'attendais cette plaisanterie.

À ce moment, un peu de brise fait tomber les feuilles.

CYRANO
Les feuilles !

1. Vous ne me faites pas la morale ?
2. Exagérée et comique.
3. Ouvrage.
4. Je ne crois pas pouvoir un jour.

ROXANE, *levant la tête, et regardant au loin, dans les allées.*
                    Elles sont d'un blond vénitien[5].
Regardez-les tomber.

CYRANO

                    Comme elles tombent bien !
Dans ce trajet si court de la branche à la terre,
Comme elles savent mettre une beauté dernière,
Et malgré leur terreur de pourrir sur le sol,
Veulent que cette chute ait la grâce d'un vol !

ROXANE

Mélancolique, vous ?

CYRANO, *se reprenant.*

                    Mais pas du tout, Roxane !

ROXANE

Allons, laissez tomber les feuilles de platane…   2410
Et racontez un peu ce qu'il y a de neuf.
Ma gazette ?

CYRANO

                    Voici !

ROXANE

                    Ah !

CYRANO, *de plus en plus pâle, et luttant contre la douleur.*
                    Samedi, dix-neuf :
Ayant mangé huit fois du raisiné[6] de Cette[7],
Le Roi fut pris de fièvre ; à deux coups de lancette[8]
Son mal fut condamné pour lèse-majesté[9],
Et cet auguste pouls n'a plus fébricité[10] !
Au grand bal, chez la Reine, on a brûlé, dimanche,
Sept cent soixante-trois flambeaux de cire blanche ;
Nos troupes ont battu, dit-on, Jean l'Autrichien[11] ;
On a pendu quatre sorciers ; le petit chien   2420
De madame d'Athis a dû prendre un clystère[12]…

5. Un blond tirant sur le roux.
6. Gelée de jus de raisin concentré.
7. Sète, dans l'Hérault.
8. Lame utilisée en chirurgie pour pratiquer la saignée.
9. Pour offense au roi (crime passible de la peine de mort).
10. N'a plus de fièvre.
11. Don Juan d'Autriche, vice-roi des Pays-Bas, battu en 1658.
12. Lavement.

ROXANE

Monsieur de Bergerac, voulez-vous bien vous taire !

CYRANO

Lundi… rien. Lygdamire[1] a changé d'amant.

ROXANE

                                        Oh !

CYRANO, *dont le visage s'altère[2] de plus en plus.*
Mardi, toute la cour est à Fontainebleau.
Mercredi, la Montglat[3] dit au comte de Fiesque[4] :
Non ! Jeudi : Mancini, reine de France, – ou presque !
Le vingt-cinq, la Montglat à de Fiesque dit : Oui ;
Et samedi, vingt-six…

                        Il ferme les yeux. Sa tête tombe. Silence.

ROXANE, *surprise de ne plus rien entendre, se retourne, le regarde, et se levant effrayée.*

                    Il est évanoui ?

                            Elle court vers lui en criant.

Cyrano !

CYRANO, *rouvrant les yeux, d'une voix vague.*
        Qu'est-ce ?… Quoi ?…
        *Il voit Roxane penchée sur lui et, vivement, assurant son
        chapeau sur sa tête et reculant avec effroi dans son fauteuil.*
                            Non ! non ! je vous assure,

2430 Ce n'est rien. Laissez-moi !

ROXANE

                        Pourtant…

CYRANO

                                C'est ma blessure
D'Arras… qui… quelquefois… vous savez…

ROXANE

                                Pauvre ami !

Mancini

Marie Mancini (1640-1715) était une nièce du cardinal Mazarin, successeur de Richelieu et ministre pendant la Régence d'Anne d'Autriche. Le jeune Louis XIV en tomba passionnément amoureux et voulut l'épouser, mais Mazarin l'obligea à renoncer à cette mésalliance en renvoyant sa nièce en Italie. ■

1. Surnom de précieuse.
2. Se défait.
3. La marquise de Montglas, connue pour la légèreté de ses mœurs.
4. Charles-Léon, comte de Fiesque, galant homme.

CYRANO
Mais ce n'est rien. Cela va finir.

Il sourit avec effort.

C'est fini.

ROXANE, *debout près de lui.*
Chacun de nous a sa blessure : j'ai la mienne.
Toujours vive, elle est là, cette blessure ancienne,

Elle met la main sur sa poitrine.

Elle est là, sous la lettre au papier jaunissant
Où l'on peut voir encor des larmes et du sang !

Le crépuscule commence à venir.

CYRANO
Sa lettre !… N'aviez-vous pas dit qu'un jour, peut-être,
Vous me la feriez lire ?

ROXANE

Ah ! vous voulez ?… Sa lettre ?

CYRANO
Oui… Je veux… Aujourd'hui…

ROXANE, *lui donnant le sachet pendu à son cou.*
Tenez !

CYRANO, *le prenant.*

Je peux ouvrir ?

ROXANE
Ouvrez… lisez !…   2440

Elle revient à son métier, le replie, range ses laines.

CYRANO, *lisant.*
« Roxane, adieu, je vais mourir !… »

ROXANE, *s'arrêtant, étonnée.*
Tout haut ?

CYRANO, *lisant.*
« C'est pour ce soir, je crois, ma bien-aimée !

« J'ai l'âme lourde encor d'amour inexprimée,
« Et je meurs ! jamais plus, jamais mes yeux grisés,
« Mes regards dont c'était... »

ROXANE

Comme vous la lisez,

Sa lettre !

CYRANO, *continuant.*

«... dont c'était les frémissantes fêtes,
« Ne baiseront au vol les gestes que vous faites ;
« J'en revois un petit qui vous est familier
« Pour toucher votre front, et je voudrais crier... »

ROXANE, *troublée.*

Comme vous la lisez, – cette lettre !

La nuit vient insensiblement.

CYRANO

« Et je crie :

2450 Adieu !... »

ROXANE

Vous la lisez...

CYRANO

« Ma chère, ma chérie,

Mon trésor... »

ROXANE, *rêveuse.*

D'une voix...

CYRANO

« Mon amour... »

ROXANE

D'une voix...

Elle tressaille.

Mais... que je n'entends pas pour la première fois !

*Elle s'approche tout doucement, sans qu'il s'en
aperçoive, passe derrière le fauteuil, se penche
sans bruit, regarde la lettre. – L'ombre augmente.*

CYRANO

« Mon cœur ne vous quitta jamais une seconde,

« Et je suis et serai jusque dans l'autre monde

« Celui qui vous aima sans mesure, celui… »

ROXANE, *lui posant la main sur l'épaule.*

Comment pouvez-vous lire à présent ? Il fait nuit.

> *Il tressaille, se retourne, la voit là tout près, fait un geste d'effroi, baisse la tête. Un long silence. Puis, dans l'ombre complètement venue, elle dit avec lenteur, joignant les mains :*

Et pendant quatorze ans, il a joué ce rôle

D'être le vieil ami qui vient pour être drôle !

CYRANO

Roxane !

ROXANE

C'était vous.

CYRANO

Non, non, Roxane, non !

ROXANE

J'aurais dû deviner quand il disait mon nom !

CYRANO

Non ! ce n'était pas moi !

ROXANE

C'était vous !

CYRANO

Je vous jure…

ROXANE

J'aperçois toute la généreuse imposture[1] :

Les lettres, c'était vous…

CYRANO

Non !

2460

---

1. Tromperie.

ROXANE

                                      Les mots chers et fous,

C'était vous…

CYRANO

               Non !

ROXANE

                      La voix dans la nuit, c'était vous !

CYRANO

Je vous jure que non !

ROXANE

                      L'âme, c'était la vôtre !

CYRANO

Je ne vous aimais pas.

ROXANE

                  Vous m'aimiez !

CYRANO, *se débattant.*

                            C'était l'autre !

ROXANE

Vous m'aimiez !

CYRANO, *d'une voix qui faiblit.*

               Non !

ROXANE

                    Déjà vous le dites plus bas !

CYRANO

Non, non, mon cher amour, je ne vous aimais pas !

ROXANE

Ah ! que de choses qui sont mortes… qui sont nées !

2470 – Pourquoi vous être tu pendant quatorze années,

Puisque sur cette lettre où, lui, n'était pour rien,

Ces pleurs étaient de vous ?

CYRANO, *lui tendant la lettre.*

Ce sang était le sien.

ROXANE
Alors pourquoi laisser ce sublime silence
Se briser aujourd'hui ?

CYRANO

Pourquoi ?...
Le Bret et Ragueneau entrent en courant.

■ Scène 6

LES MÊMES, LE BRET *et* RAGUENEAU.

LE BRET

Quelle imprudence !

Ah ! j'en étais bien sûr ! il est là !

CYRANO, *souriant et se redressant.*

Tiens, parbleu !

LE BRET
Il s'est tué, Madame, en se levant !

ROXANE

Grand Dieu !
Mais tout à l'heure alors... cette faiblesse ?... cette ?...

CYRANO
C'est vrai ! je n'avais pas terminé ma gazette :
... Et samedi, vingt-six, une heure avant dîné,
Monsieur de Bergerac est mort assassiné.
Il se découvre ; on voit sa tête entourée de linges.

ROXANE
Que dit-il ? – Cyrano ! – Sa tête enveloppée !...
Ah ! que vous a-t-on fait ? Pourquoi ?

2480

 A votre Avis

Pourquoi Roxane n'avait-elle pas réalisé que Cyrano était blessé ?

☐ Elle était perdue dans ses pensées.
☐ Il s'était caché.
☐ Il faisait nuit.

Cyrano

                              « D'un coup d'épée,
Frappé par un héros, tomber la pointe au cœur ! »…
– Oui, je disais cela[1] !… Le destin est railleur[2] !…
Et voilà que je suis tué dans une embûche[3],
Par derrière, par un laquais, d'un coup de bûche !
C'est très bien. J'aurai tout manqué, même ma mort.

Ragueneau

Ah ! Monsieur !…

Cyrano

                  Ragueneau, ne pleure pas si fort !…
                           Il lui tend la main.
Qu'est-ce que tu deviens, maintenant, mon confrère ?

Ragueneau, *à travers ses larmes.*

Je suis moucheur de… de… chandelles[4], chez Molière.

Cyrano

Molière !

Ragueneau

              Mais je veux le quitter, dès demain ;
Oui, je suis indigné !… Hier, on jouait *Scapin*,
Et j'ai vu qu'il vous a pris une scène !

Le Bret

                               Entière !

Ragueneau

Oui, Monsieur, le fameux : « Que diable allait-il faire ?… »

Le Bret, *furieux.*

Molière te l'a pris !

Cyrano

                    Chut ! chut ! Il a bien fait !…
                                À Ragueneau.
La scène, n'est-ce pas, produit beaucoup d'effet ?

1. Acte IV, sc. 3, v. 1777 à 1780.
2. Moqueur.
3. Embuscade (piège).
4. Pour les éteindre, on *mouchait les chandelles* qui éclairaient le théâtre.

Ragueneau, *sanglotant.*
Ah ! Monsieur, on riait ! on riait !

Cyrano

Oui, ma vie
Ce fut d'être celui qui souffle – et qu'on oublie !

À Roxane.

Vous souvient-il du soir où Christian vous parla
Sous le balcon ? Eh bien toute ma vie est là :   2500
Pendant que je restais en bas, dans l'ombre noire,
D'autres montaient cueillir le baiser de la gloire !
C'est justice, et j'approuve au seuil de mon tombeau :
Molière a du génie et Christian était beau !

À ce moment, la cloche de la chapelle ayant tinté, on voit passer au fond, dans l'allée, les religieuses se rendant à l'office [5].
Qu'elles aillent prier puisque leur cloche sonne !

Roxane, *se relevant pour appeler.*
Ma sœur ! ma sœur !

Cyrano, *la retenant.*

Non ! non ! n'allez chercher personne :
Quand vous reviendriez, je ne serais plus là.

Les religieuses sont entrées dans la chapelle, on entend l'orgue.
Il me manquait un peu d'harmonie… en voilà.

Roxane
Je vous aime, vivez !

Cyrano

Non ! car c'est dans le conte
Que lorsqu'on dit : Je t'aime ! au prince plein de honte,   2510
Il sent sa laideur fondre à ces mots de soleil…
Mais tu t'apercevrais que je reste pareil.

Roxane
J'ai fait votre malheur ! moi ! moi !

Cyrano

Vous ?… au contraire !

5. À la messe.

J'ignorais la douceur féminine. Ma mère
Ne m'a pas trouvé beau. Je n'ai pas eu de sœur.
Plus tard, j'ai redouté l'amante à l'œil moqueur.
Je vous dois d'avoir eu, tout au moins, une amie.
Grâce à vous une robe a passé dans ma vie.

LE BRET, *lui montrant le clair de lune qui descend à travers les branches.*
Ton autre amie est là, qui vient te voir !

CYRANO, *souriant à la lune.*

                                        Je vois.

ROXANE
2520   Je n'aimais qu'un seul être et je le perds deux fois !

CYRANO
Le Bret, je vais monter dans la lune opaline[1],
Sans qu'il faille inventer, aujourd'hui, de machine[2]…

ROXANE
Que dites-vous ?

CYRANO

                    Mais oui, c'est là, je vous le dis,
Que l'on va m'envoyer faire mon paradis.
Plus d'une âme que j'aime y doit être exilée,
Et je retrouverai Socrate et Galilée !

LE BRET, *se révoltant.*
Non ! non ! C'est trop stupide à la fin, et c'est trop
Injuste ! Un tel poète ! Un cœur si grand, si haut !
Mourir ainsi !… Mourir !…

CYRANO

                            Voilà Le Bret qui grogne !

LE BRET, *fondant en larmes.*
2530   Mon cher ami…

CYRANO, *se soulevant, l'œil égaré.*
                    Ce sont les cadets de Gascogne…

Socrate et Galilée

L'Athénien Socrate (Ve s. av. J.-C.) est le père de la philosophie, et fut condamné à mort, accusé d'offenser les dieux et de corrompre la jeunesse. Le physicien et astronome italien Galilée (1564-1642) fut contraint par l'Inquisition de renier ses travaux qui prouvaient, après Copernic, que la Terre tournait autour du Soleil. ■

1. Blanchâtre.
2. Voir Acte III, sc. 13.

– La masse élémentaire[3]… Eh oui !… voilà le *hic*[4]…

LE BRET

Sa science… dans son délire !

CYRANO

                      Copernic

A dit…

ROXANE

    Oh !

CYRANO

         Mais aussi que diable allait-il faire,
Mais que diable allait-il faire en cette galère ?…
         Philosophe, physicien,
         Rimeur, bretteur, musicien,
         Et voyageur aérien,
         Grand riposteur du tac au tac,
         Amant aussi – pas pour son bien ! –
         Ci-gît Hercule-Savinien
         De Cyrano de Bergerac
         Qui fut tout, et qui ne fut rien.
… Mais je m'en vais, pardon, je ne peux faire attendre :
Vous voyez, le rayon de lune vient me prendre !
         Il est retombé assis, les pleurs de Roxane le rap-
         pellent à la réalité, il la regarde, et caressant ses voiles :
Je ne veux pas que vous pleuriez moins ce charmant,
Ce bon, ce beau Christian ; mais je veux seulement
Que lorsque le grand froid aura pris mes vertèbres,
Vous donniez un sens double à ces voiles funèbres,
Et que son deuil sur vous devienne un peu mon deuil.

ROXANE

Je vous jure !…

CYRANO *est secoué d'un grand frisson et se lève brusquement.*
         Pas là ! non ! pas dans ce fauteuil !

2540

2550

3. Principe de la physique.
4. Le problème.

On veut s'élancer vers lui.

– Ne me soutenez pas ! – Personne !

Il va s'adosser à l'arbre.
Rien que l'arbre !

Silence.

Elle vient. Je me sens déjà botté de marbre,
– Ganté de plomb !

Il se raidit.
Oh ! mais !... puisqu'elle est en chemin,
Je l'attendrai debout,

Il tire l'épée.
et l'épée à la main !

LE BRET
Cyrano !

ROXANE, *défaillante.*
Cyrano !

Tous reculent épouvantés.

CYRANO
Je crois qu'elle regarde...
Qu'elle ose regarder mon nez, cette Camarde[1] !

Il lève son épée.

Que dites-vous ?... C'est inutile ?... Je le sais !
Mais on ne se bat pas dans l'espoir du succès !
Non ! non, c'est bien plus beau lorsque c'est inutile !
2560 – Qu'est-ce que c'est que tous ceux-là ! – Vous êtes mille ?
Ah ! je vous reconnais, tous mes vieux ennemis !
Le Mensonge ?

Il frappe de son épée le vide.
Tiens, tiens ! – Ha ! ha ! les Compromis,
Les Préjugés, les Lâchetés !...

Il frappe.

Que je pactise ?[2]
Jamais, jamais ! – Ah ! te voilà, toi, la Sottise !

1. On représente
traditionnellement la mort
sous la forme
d'un squelette au nez
écrasé, un *camard*
(voir v. 291, p. 48).
2. Que je conclue
un accord ?

– Je sais bien qu'à la fin vous me mettrez à bas[3] ;
N'importe : je me bats ! je me bats ! je me bats !

Il fait des moulinets[4] immenses et s'arrête haletant.

Oui, vous m'arrachez tout, le laurier[5] et la rose[6] !
Arrachez ! Il y a malgré vous quelque chose
Que j'emporte, et ce soir, quand j'entrerai chez Dieu,
Mon salut balaiera largement le seuil bleu,   2570
Quelque chose que sans un pli, sans une tache,
J'emporte malgré vous,

Il s'élance l'épée haute.

et c'est…

*L'épée s'échappe de ses mains, il chancelle[7],
tombe dans les bras de Le Bret et de Ragueneau.*

ROXANE, *se penchant sur lui et lui baisant le front.*

C'est ?…

CYRANO *rouvre les yeux, la reconnaît et dit en souriant.*

Mon panache.

RIDEAU

3. Vous m'abattrez.
4. Grands mouvements tournants.
5. Arbuste symbole de la gloire.
6. Fleur symbole de l'amour.
7. Il titube.

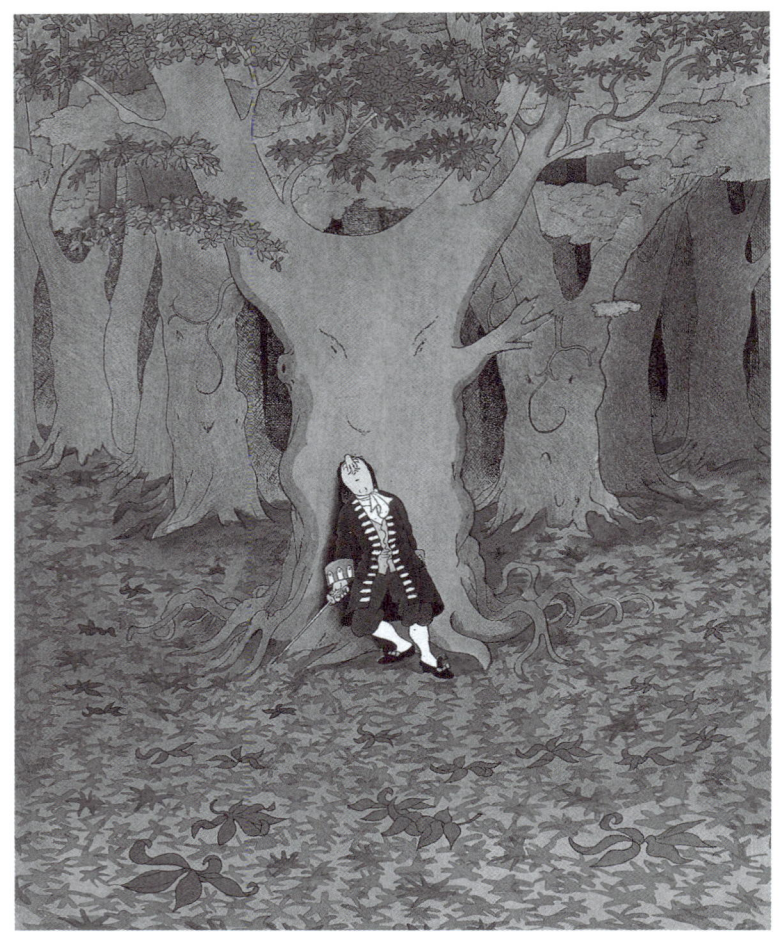

La Mort de Cyrano, estampe d'Albert Dubout, 1947.

Quinze ans après (scènes 1 à 4)

1 Dans quelles circonstances Cyrano est-il blessé ? VOIR **?** PAGE 247

Une nouvelle exposition

2 Quelles informations indispensables les scènes 1 et 2 donnent-elles
sur la destinée des personnages principaux ? Comment Rostand
a-t-il procédé ?

3 Comment Cyrano a-t-il vécu pendant les années qui séparent
les actes IV et V ?

4 À quel moment Roxane quitte-t-elle la scène ? Pourquoi cette sortie
est-elle indispensable, du point de vue dramatique ?

Le poids du temps

5 Que porte Roxane sur elle en permanence ? Que symbolise cet objet ?
Que comprend le spectateur avant d'entendre les vers 2281 à 2283 ?

6 Quelles sont les relations entre Roxane et de Guiche ?
Comment l'un et l'autre ont-ils évolué ? Repérez et étudiez le moment
où chacun des deux se laisse aller à une confidence.

7 À quelle saison se déroule la scène ? Quel est l'effet créé ? Quels
autres moyens contribuent à produire cette atmosphère ?

De la gazette à la lettre (scène 5)

1 Pourquoi Cyrano est-il en retard ? VOIR **?** PAGE 250

2 Que lit Cyrano à Roxane ? Que comprend-elle alors ?

Le dernier rituel

3 Quelles sont les plaisanteries rituelles de Cyrano ?
En quoi toutefois cette visite est-elle différente des autres ?

4 Pourquoi la gazette de Cyrano (v. 2412 à 2427) est-elle amusante ?
Appuyez votre réponse sur les sujets évoqués, la syntaxe
et la construction des alexandrins.

La lecture de la lettre

5 Observez les didascalies entre les vers 2433 et 2456 :
comment s'organise la progression dramatique de la scène ?

6 Pour Roxane, qui dit *je* dans cette lettre ?
Quel est le sens de cette lettre au moment où Cyrano la lit ?

La reconnaissance

7 Quelle est cette « première fois » à laquelle Roxane fait allusion
au vers 2452 ? Qu'est-ce qui rapproche ces deux scènes ?

8 Pourquoi Cyrano n'a-t-il rien dit pendant toutes ces années ?
Dans quel vers se trahit-il par une contradiction ?
Qu'allait-il répondre à la question de Roxane à la fin de la scène 5 ?

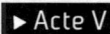

La mort de Cyrano (scène 6)

1 D'où viennent Le Bret et Ragueneau ?

2 Comment Cyrano a-t-il réussi à cacher à Roxane la gravité de son état jusque-là ? VOIR ❓ PAGE 259

L'agonie du héros

3 Qui entoure Cyrano au moment de sa mort ? À travers les dernières paroles que leur adresse Cyrano, montrez que chacun d'eux incarne un aspect de la personnalité du héros.

4 Pourquoi Cyrano, à l'instant de mourir, refuse-t-il le fauteuil et choisit-il l'arbre ? Contre qui se bat-il jusqu'au dernier instant ?

5 Cyrano délire dans les derniers vers. À quels indices d'écriture le voit-on ? Montrez qu'il reste malgré tout fidèle à lui-même, dans ses attitudes et ses convictions.

L'heure des bilans

6 Que compose Cyrano aux vers 2535 à 2542 ? Quel type de vers utilise-t-il ? Au vu de l'ensemble de la pièce, la formule finale (v. 2542) vous paraît-elle juste ?

7 Quel est le dernier mot de la pièce ? Quel vers de la scène 6 définit ce mot ? En quoi résume-t-il tout le comportement et les valeurs morales de Cyrano ?

8 Dans quelle mesure Cyrano est-il un personnage tragique ?

Du texte à l'image

Observez le dessin → voir p. 13

1 Le dessin de Rostand est-il fidèle aux mots du poète ? Retrouvez dans la pièce les éléments représentés dans ce portrait.

2 Quel caractère du personnage ressort de ce portrait ? Comment est-il mis en valeur ?

3 Comparez ce dessin avec l'illustration de la page 161. Quelles réflexions ce rapprochement vous inspire-t-il ?

Cyrano de Bergerac, dessin d'Edmond Rostand, XIXe siècle.

À vous de jouer

Rédigez un discours

À l'enterrement de Cyrano, Le Bret prononce l'éloge funèbre de son ami. Composez ce texte dans lequel, à travers les compliments et les anecdotes, vous ferez ressortir les liens qui unissaient les deux hommes.

Écrivez un texte argumentatif

Après avoir effectué des recherches, vous rédigerez un texte qui expliquera pourquoi le Cyrano de Rostand est devenu un mythe universel.

vers le brevet

Au brevet,
l'épreuve de français
est sur 40 points.
Première partie :
Questions : 15 points
Réécriture : 5 points
Seconde partie :
Rédaction : 15 points
Dictée : 5 points

▶ Acte I, scène 5, v. 492 à 529 (p. 61 à 63)

Questions (15 points)

I. Le genre théâtral (3,5 points)

1 **a.** Comment appelle-t-on les expressions qui sont en italique ? (0,5 point)
b. À qui sont-elles destinées ? À quoi servent-elles ? (1 point)

2 Trouvez deux autres indices qui permettent d'affirmer que ce texte
appartient au genre théâtral. (1 point)

3 Quel est le personnage principal de ce passage ?
Donnez deux raisons de votre choix. (1 point)

II. Une femme adorée (5,5 points)

4 **a.** Relevez dans les vers 497 à 499 les adjectifs qui caractérisent
la femme aimée par Cyrano. (1 point)
b. À quel degré sont-ils ? (1 point)

5 Cyrano dit de la femme qu'il aime qu'elle est :
« un danger mortel, [...] exquis » (v. 500-501).
a. Trouvez un synonyme pour chaque adjectif souligné
et expliquez le rapport de sens entre ces deux adjectifs. (1 point)
b. Comment Cyrano présente-t-il, dans ces deux vers,
l'amour que lui inspire celle qu'il aime ? (1 point)

6 Relisez les vers 507 et 508.

    a. À qui la femme aimée est-elle comparée ? (0,5 point)

    b. Qui sont ces deux personnages ? (0,5 point)

    c. Pourquoi Cyrano emploie-t-il cette comparaison ? (0,5 point)

III. Laideur et solitude (6 points)

7 « Ce nez qui d'un quart d'heure en tous lieux me précède » (v. 495).

    a. Donnez la classe grammaticale de « Ce ».

    Par quel mot peut-on le remplacer ? (1 point)

    b. Quelle est la figure de style utilisée pour évoquer le nez ? (1 point)

    c. Relevez dans le texte quatre autres expressions qui se rapportent au nez. (1 point)

8 Quels sont les différents signes de ponctuation qui expriment l'émotion de Cyrano ? (2 points)

9 Quels sentiments Le Bret éprouve-t-il en écoutant Cyrano ? (1 point)

Réécriture (5 points)

Réécrivez le texte des vers 517 à 525 en mettant les verbes au présent de l'indicatif à l'imparfait. Vous rédigerez votre texte en prose.

Rédaction (15 points)

Le Bret, cherchant à aider son ami, écrit à Roxane pour lui raconter cette scène. Il lui explique pourquoi Cyrano ne veut pas se déclarer à elle et prend la défense de son ami.

après
la lecture

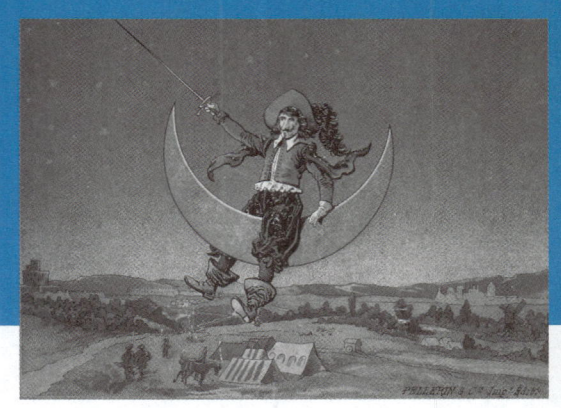

Cyrano de Bergerac

- Le drame romantique
- Cyrano, de la réalité au mythe

Le drame *romantique*

Le refus des unités classiques

Cyrano de Bergerac (1897) est l'héritier tardif du drame romantique, un genre qui s'était imposé avec Victor Hugo en 1830 *(Hernani)*, mais qui semblait passé de mode depuis 1850. Dans les années 1830, les romantiques tels Hugo, Dumas ou Musset s'opposent aux règles classiques auxquelles obéit le théâtre depuis le XVIIᵉ siècle. Des trois unités codifiées par Boileau dans son *Art poétique* (1674), ils ne gardent que **l'unité d'action** : toutefois ils ajoutent des intrigues secondaires à l'action principale. C'est ainsi que Rostand subordonne son intrigue et ses dizaines de personnages à la question de l'amour malheureux de Cyrano.

Les romantiques condamnent sans appel les deux autres unités, de temps et de lieu. Pour eux, faire tenir la pièce en une seule journée et dans un espace unique, c'est l'enfermer dans un carcan artificiel, qui ne donne pas une image fidèle de la vie. « Toute action a sa durée propre, comme son lieu particulier », affirme Victor Hugo. Fidèle à ce précepte, Rostand imagine un lieu distinct pour chaque acte, et donne à son intrigue un tempo varié : les deux premiers actes couvrent deux jours consécutifs ; quelques semaines séparent le deuxième acte du troisième et le troisième du quatrième, et le dernier acte se passe quinze ans plus tard.

Une intrigue qui ne respecte ni l'unité de lieu, ni l'unité de temps.

Le mélange des genres et des registres

Ce rejet des unités classiques se fait donc au nom de la vie, dans sa liberté et sa diversité. C'est pourquoi les romantiques veulent réunir sur la scène la tragédie et la comédie, en gommant une division qui leur semble artificielle. Pour eux, l'homme est à la fois magnifique et ridicule, sublime et mesquin, et le rire n'est jamais loin des larmes.

Le drame doit exprimer cette **dualité de la nature humaine** dans ses situations et ses personnages : le Hernani de Hugo est un héros *et* un hors-la-loi, le Lorenzaccio de Musset un débauché *et* un idéaliste. Arrogant *et* sentimental, bretteur intrépide *et* amant paralysé, Cyrano incarne la même ambivalence.

Cette dualité se traduit naturellement par le mélange des tons : le registre élevé se mêle au trivial, le lyrisme le plus pur peut virer à la farce. Rostand manie en virtuose ces constantes **ruptures de ton**, combinant dans la bouche de son héros la préciosité et les expressions familières.

L'imagination et le pittoresque

À l'opposé de l'esthétique classique, les romantiques ont le goût de la couleur locale et du détail pittoresque, dans les décors aussi bien que dans la langue. Avec ses longues et minutieuses didascalies en ouverture de chaque acte, Rostand manifeste – comme Hugo avant lui – une imagination visuelle qui en fait un **peintre d'histoire et de mœurs**. Comme Hugo encore, il invente une langue colorée, pleine de trouvailles, d'antithèses et d'oxymores : cette **jubilation verbale** n'est pas seulement un trait de caractère du héros, elle traduit également l'exaltation et l'énergie propres au romantisme. ■

L'homme est à la fois magnifique et ridicule, sublime et mesquin.

Cyrano, *de la réalité au mythe*

Le vrai Cyrano (1619-1655)

Savinien de Cyrano est **parisien** de naissance : le titre de Bergerac qu'il ajoutera au nom paternel est celui d'une propriété dans la vallée de Chevreuse, où sa famille, de noblesse récente, s'installe quand il a trois ans. Rien à voir donc avec la ville de Dordogne, mais la confusion vient sans doute de son engagement à vingt ans dans les rangs des cadets de Gascogne. Vaillant **soldat**, il est gravement blessé au siège d'Arras en 1640 et quitte l'armée. Reprenant ses études, il fréquente le cercle du philosophe matérialiste Gassendi, où il croise peut-être Molière. L'héritage paternel, touché en 1648, disparaît assez vite, et Cyrano vit alors sobrement, autant par conviction que par nécessité. Sa mort prématurée à 36 ans, dans un accident suspect, interrompt **une œuvre littéraire diverse et audacieuse** : il manifeste dans ses *Lettres ou Épîtres* (1649) une grande liberté d'esprit ; sa comédie *Le Pédant joué* (1645) témoigne d'une invention étonnante ; sa tragédie *La Mort d'Agrippine* (1654) est censurée pour impiété ; et son roman d'anticipation *L'Autre Monde ou les États et Empires de la Lune* et *Des États et Empires du Soleil* (1657-1662) préfigure le conte philosophique des Lumières, avec son mélange de burlesque et de hardiesse intellectuelle et scientifique.

> *Le vrai Cyrano était un écrivain audacieux.*

De la réalité à la légende

Malgré l'amitié du fidèle Le Bret, qui s'occupe d'éditer son œuvre à sa mort, Cyrano tombe assez vite dans l'oubli : sans doute est-il trop étranger, par sa pensée comme par son style, au classicisme qui règne en France à partir de 1650. Il faut attendre les **romantiques**, friands de destins pittoresques, pour le voir réhabilité.

Mais c'est pour proposer de lui une image plus légendaire qu'historique. Charles Nodier, en 1838, voit en lui le **génie solitaire,** persécuté et incompris, oubliant qu'il a cherché des protecteurs, comme tous ses confrères, et qu'il n'a pas hésité parfois à changer de camp. Et, en 1844, Théophile Gautier rêve longuement sur son **nez « invraisemblable »** et « triomphal » qui aurait été l'occasion d'innombrables duels. C'est ce Cyrano en partie légendaire que découvre, émerveillé, le jeune Rostand : « Il me hantait dès le collège, et lentement, à mon insu, il s'organisait autour de lui une action dramatique. » Le choix de ce héros lui permet par ailleurs de faire revivre ce XVIIᵉ **siècle baroque** qu'il aime tant, époque de contrastes violents, où la délicatesse côtoie l'exubérance.

Les visages du mythe

Créé en un temps où la France était obsédée par l'humiliation de la débâcle de 1870, Cyrano put incarner un **mythe national**, voire nationaliste : son « panache » parut symboliser l'esprit français, glorieux au sein même de la défaite, et supérieur en cela à ses vainqueurs. Après la Première Guerre mondiale, une version plus pacifique du mythe en fit un **héros rêveur**, souvent dans un duo conflictuel ou complice avec d'Artagnan. Plus profondément, on y voit davantage aujourd'hui le drame d'un homme divisé, en lutte contre lui-même : c'est plutôt la **mélancolie** du personnage que soulignent les mises en scène contemporaines. ■

Un héros rêveur et mélancolique.

Émile Roudié

D'Artagnan et Cyrano

1935
extrait

La rencontre entre Cyrano et d'Artagnan,
aux prises avec leurs légendes...

Qui est Émile Roudié ?

Émile Roudié (1877-1953)

Écrivain actif entre les deux guerres mondiales, aujourd'hui tombé dans l'oubli, Émile Roudié s'illustra dans la comédie légère et les sujets historiques. Il écrivit également des livrets lyriques et des chansons. *D'Artagnan et Cyrano* est une pièce en un acte. ■

Un directeur de théâtre attend deux comédiens, qui doivent interpréter les rôles de Cyrano et d'Artagnan : mais au lieu d'acteurs, ce sont les héros véritables, ressuscités, qui arrivent. Ils se reconnaissent, et restés seuls, échangent des confidences…

D'ARTAGNAN

Écoutez mon histoire, elle n'est point vulgaire ;
De tout autre que moi, vous ne la croiriez pas.

CYRANO

Bah ! nous sommes gascons. Je vous suis pas à pas.

D'ARTAGNAN

Fils de Bertrand de Batz, seigneur de Castelmore[1],
J'ai, plus que lui, peut-être, un autre père, encore.
        Confidentiel :
Je suis fils de Dumas.

CYRANO, *avec malice.*

                    Oui… Le fils naturel[2] ?

D'ARTAGNAN

Non, Monsieur, je suis son fils… artificiel.
Oui, mon âme à mon corps avait été ravie[3]…
Alexandre Dumas m'a redonné la vie
Et deux siècles après, mort, je me relevai   10
Plus fier et plus vivant que lorsque je vivais !
Peut-être vous trouvez l'histoire… singulière ?

CYRANO

Non. J'ai ressuscité de la même manière.
Je suis sorti comme Lazare[4], du tombeau.
Monsieur Rostand m'a fait revivre de nouveau ;
Rostand, et non le ciel, ce n'est pas un blasphème[5] :
Car Rostand fut pour moi meilleur que Dieu lui-même !

D'ARTAGNAN

De l'autre monde, aussi, Monsieur, vous revenez ?

1. C'est la filiation exacte de l'authentique chevalier d'Artagnan.
2. Fils conçu hors mariage. Jeu de mots sur le titre d'une pièce d'Alexandre Dumas fils, *Le Fils naturel* (1858).
3. Enlevée.
4. Personnage du Nouveau Testament, ressuscité par Jésus-Christ.
5. Parole qui outrage la religion.

CYRANO
Vous me trouvez changé ?

D'ARTAGNAN

Je n'ose pas…

CYRANO

Mon nez ?

D'ARTAGNAN, *naïf.*
Il est plus grand… qu'avant[1]…

CYRANO, *montrant son nez dans un beau geste.*
Le rêve d'un poète !
Ah ! l'œuvre généreuse et belle qu'il a faite !
Le poète voit tout, peut-être, avec son cœur,
Au-dessus du réel, qu'importe la hauteur !
Il exagère, il agrandit, il magnifie,
Il exalte, il célèbre, il chante, il glorifie !
Et c'est pourquoi, Monsieur, mon nez n'est point banal.
Est-il comme chez tous, l'appendice nasal
Planté plus ou moins bien, au milieu d'un visage ?
Mon nez n'est pas un nez, Monsieur, c'est un Hommage !
Une marque d'honneur… un emblème[2]… un blason[3] !
Et s'il paraît énorme avec juste raison,
C'est qu'il est de mon cœur la vivante hyperbole[4].
Mon nez est plus qu'un nez, Monsieur, c'est un Symbole !

D'ARTAGNAN
Mais ce Symbole-là doit parfois vous gêner !

CYRANO
Vers la mélancolie il faillit m'entraîner !
Je doutais de sa forme et de son élégance ;
Maintenant je le porte avec magnificence.
Je suis fier de mon nez, il a fait mon renom,
Il passe devant moi pour annoncer mon nom,
C'est mon ambassadeur, dont la simple éloquence

1. De son vivant, avant d'être immortalisé par Rostand.
2. Symbole.
3. Ensemble des armoiries d'une famille noble.
4. Expression exagérée (figure de style).

Clame à tous : Cyrano !… Messieurs, faites silence !
C'est mon noble étendard, qui, flottant sous mon front,
Dédaigne l'ironie et méprise l'affront[5]…
C'est l'éclaireur qui part, devançant ma moustache,
Mon guidon valeureux ! mon drapeau ! mon panache !
Symbole de courage et blason de l'Honneur,
Vivant épouvantail du Vice et de la Peur,
Héroïque clairon qui claironne à la gloire,
Mon nez « national » appartient à l'Histoire !

D'ARTAGNAN

Le rêve d'un poète a grandi votre nez…   50
Et maintenant, toujours, comme il vous l'a donné
Vous devez le porter, votre nez-hyperbole !

CYRANO

La Gloire est un carcan[6], mais c'est une auréole ![7]

D'ARTAGNAN

Certes ! de mon côté je me plaindrais à tort.
Monsieur Dumas m'a fait un magnifique sort
Et quand je le compare à ma première vie…

CYRANO

Vous avez la gaîté, c'est un bien que j'envie.
Votre joyeuse humeur vous fait plus fier qu'un roi.
Ah ! mon âme, Monsieur, est trop grande pour moi !
Je vous le dis tout bas ; je le dis avec peine !   60
Cette âme généreuse et trop belle… me gêne.

D'ARTAGNAN

Mon père m'a donné le cœur d'un être humain.

CYRANO

Et le mien m'a jeté, Monsieur, à pleines mains
Tant de vertus, de dons et de bonté suprême
Que j'ai peur, quelquefois… de n'être plus moi-même !
    Puis, riant :

5. Injure.
6. Une prison.
7. Voir *Cyrano de Bergerac*, acte II, scène 8, v. 1041.

Les poètes, Monsieur, sont plus gascons que nous !

D'ARTAGNAN
Vous n'êtes pas gascon.

CYRANO
                         Comment ?

D'ARTAGNAN
                                    Remettez-vous…
Je vois qu'en vous disant cela je vous offense,
Mais je dis aux amis, tout net, ce que je pense.
70 Vous naissez à Paris et, sans plus de raison,
Vous clamez à tout vent que vous êtes gascon !
Vous n'avez pu choisir : cela n'est pas un crime !
On peut naître à Paris, morbleu ! c'est légitime !
Mais pourquoi vous vanter ?

          CYRANO
                              À Paris je suis né,
C'est vrai ; je me suis dit Gascon… j'ai…

D'ARTAGNAN
                                          Gasconné[1] !

1. Je me suis vanté
(trait de caractère attribué
aux Gascons).

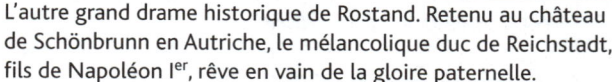

▶ Dans l'œuvre de Rostand

- *L'Aiglon,* **1900**

  L'autre grand drame historique de Rostand. Retenu au château
  de Schönbrunn en Autriche, le mélancolique duc de Reichstadt,
  fils de Napoléon Ier, rêve en vain de la gloire paternelle.

▶ Autour de Cyrano

- **Paul Féval fils,** *D'Artagnan contre Cyrano,* **1925** ;
  D'Artagnan et Cyrano réconciliés, **1928**

  Rostand provoque la rencontre de Cyrano et d'Artagnan à l'acte I ;
  Paul Féval reprend cette idée et imagine les deux hommes d'abord
  ennemis puis complices, dans deux romans où ils côtoient entre autres
  le fameux « Masque de fer » ; on y voit même Cyrano ressusciter,
  et épouser Roxane !

- **Jacques Weber,** *À vue de nez,* **1985**, éd. Mengès

  L'acteur a plusieurs fois incarné Cyrano au théâtre... avant de jouer
  le rôle de De Guiche dans le film de Rappeneau. « Ni leçon ni recette »,
  prévient-il, mais « l'autopsie d'une journée » entre Cyrano et lui.

- **Taï-Marc Le Thanh et Rébecca Dautremer,** *Cyrano,* **2005**,
  éd. Gautier-Languereau

  Une version libre et décalée de l'œuvre de Rostand.
  Les dessins somptueux transportent l'action et les personnages
  dans le Japon médiéval, et le ton faussement naïf du récit
  est d'un humour réjouissant.

à voir et à entendre

- *Cyrano de Bergerac,* **Franco Alfano, 1936**

  Enregistrement avec Roberto Alagna, 2005.
  La pièce de Rostand a inspiré un opéra au dernier des grands compositeurs lyriques italiens.

- *Cyrano de Bergerac,* **Michael Gordon, 1950**

  Une adaptation assez fidèle de la pièce, avec le plus célèbre Cyrano américain, José Ferrer. Oscar du meilleur acteur, il reprit ce rôle douze années plus tard dans le film d'Abel Gance, *Cyrano et d'Artagnan*.

- *Cyrano et D'Artagnan,* **Abel Gance, 1962**

  Sur la route qui les mène à Paris, deux Gascons font connaissance, Cyrano et d'Artagnan. Le premier se mettra au service du roi, le second, à celui de la reine, mais ils combattront ensemble. Duels et intrigues à la Cour, mais aussi chassés-croisés amoureux avec un duo de courtisanes célèbres, Ninon de Lenclos et Marion Delorme.

- *Cyrano de Bergerac,* **Jean-Paul Rappeneau, 1990**

  La plus belle adaptation du drame de Rostand au cinéma, avec Gérard Depardieu en Cyrano. « Nous ne pouvions nous contenter d'une simple mise en images de la pièce, déclara le cinéaste. Nous voulions donner à cette histoire que nous aimions la dynamique et la tension d'un film. Le vrai pari du film, c'est que les personnages y parlent en vers. »

- Site Internet **www.cyranodebergerac.fr**

  Tout sur le héros de Rostand, grâce à ce site de Thomas Sertillanges à la fois ludique et très informé, richement illustré, et régulièrement mis à jour.

TABLE DES ILLUSTRATIONS

Conception graphique : Laurence Durandau/Laurence Ningre/Marie-Astrid Bailly-Maître
Design de couverture : concept et illustration Hartland Villa
Recherche iconographique : Chantal Hanoteau
Illustrations : Buster Bone (p. 10-11)/Élise Rebaa-Launay (p. 285-286)
Mise en page : CGI
Correction : Sylvie Porté
Édition : Marion Noesser
Direction éditoriale : Marie-Hélène Tournadre

COLLÈGE

65. **Bédier**, *Le Roman de Tristan et Iseut*
51. **Courteline**, *Le gendarme est sans pitié*
38. **Dumas**, *Les Frères corses*
67. **Gautier**, *La Morte amoureuse*
 1. **Homère**, *L'Odyssée*
29. **Hugo**, *Le Dernier Jour d'un condamné*
 2. **La Fontaine**, *Le Loup dans les Fables*
 3. **Leprince de Beaumont**, *La Belle et la Bête*
10. **Maupassant**, *Boule de suif*
26. **Maupassant**, *La folie dans les nouvelles fantastiques*
43. **Maupassant**, 4 nouvelles normandes (*anthologie*)
62. **Mérimée**, *Carmen*
11. **Mérimée**, *La Vénus d'Ille*
 7. **Molière**, *L'Avare*
23. **Molière**, *Le Bourgeois gentilhomme*
68. **Molière**, *George Dandin*
58. **Molière**, *Le Malade imaginaire*
36. **Molière**, *Les Fourberies de Scapin*
52. **Molière**, *Le Sicilien*
28. **Musset**, *Il ne faut jurer de rien*
 6. **Nicodème**, *Wiggins et le perroquet muet*
21. **Noguès**, *Le Faucon déniché*
59. **Perrault**, 3 contes (*anthologie*)
 8. **Pouchkine**, *La Dame de pique*
12. **Radiguet**, *Le Diable au corps*
39. **Rostand**, *Cyrano de Bergerac*
24. **Simenon**, *L'Affaire Saint-Fiacre*
 9. **Stevenson**, *Le Cas étrange du Dr Jekyll et de M. Hyde*
54. **Tolstoï**, *Enfance*
61. **Verne**, *Un hivernage dans les glaces*
25. **Voltaire**, *Le Monde comme il va*
53. **Zola**, *Nantas*
42. **Zweig**, *Le Joueur d'échecs*
 4. *La Farce du cuvier* (*anonyme*)
37. *Le Roman de Renart* (*anonyme*)
 5. *Quatre fabliaux du Moyen Âge* (*anthologie*)
41. *Les textes fondateurs* (*anthologie*)
22. *3 contes sur la curiosité* (*anthologie*)
40. 3 meurtres en chambre close (*anthologie*)
44. 4 contes de sorcières (*anthologie*)
27. 4 nouvelles réalistes sur l'argent (*anthologie*)
64. *Ali Baba et les 40 voleurs*

LYCÉE

60. **Balzac**, *L'Auberge rouge*
18. **Balzac**, *Le Chef-d'œuvre inconnu*
47. **Balzac**, *La Duchesse de Langeais*
33. **Balzac**, *Gobseck*
34. **Barbey d'Aurevilly**, *Le Bonheur dans le crime*
32. **Beaumarchais**, *Le Mariage de Figaro*
20. **Corneille**, *Le Cid*
56. **Flaubert**, *Un cœur simple*
49. **Hugo**, *Ruy Blas*
57. **Marivaux**, *Les Acteurs de bonne foi*
48. **Marivaux**, *L'Île des esclaves*
19. **Maupassant**, *La Maison Tellier*
69. **Maupassant**, *Une partie de compagne*
55. **Molière**, *Amphitryon*
15. **Molière**, *Dom Juan*
35. **Molière**, *Le Tartuffe*
63. **Musset**, *Les Caprices de Marianne*
14. **Musset**, *On ne badine pas avec l'amour*
46. **Racine**, *Andromaque*
30. **Racine**, *Phèdre*
66. **Racine**, *Britannicus*
13. **Rimbaud**, *Illuminations*
50. **Verlaine**, *Fêtes galantes, Romances sans paroles*
45. **Voltaire**, *Candide*
17. **Voltaire**, *Micromégas*
31. *L'Encyclopédie* (*anthologie*)
16. Traits et portraits du XVIIe siècle (*anthologie*)

CARRÉS CLASSIQUES

Nathan

N° d'éditeur : 10200749 - Dépôt légal : Septembre 2013
Imprimé en France par I.M.E. - 25110 Baume-les-Dames